Ursula Vones-Liebenstein

Eleonore von Aquitanien

Herrscherin zwischen zwei Reichen

PERSÖNLICHKEIT UND GESCHICHTE

Band 160/161

MUSTER-SCHMIDT VERLAG GLEICHEN · ZÜRICH

Ursula Vones-Liebenstein

ELEONORE VON AQUITANIEN

Herrscherin zwischen zwei Reichen

MUSTER-SCHMIDT VERLAG GLEICHEN · ZÜRICH

PERSÖNLICHKEIT UND GESCHICHTE

Biografische Reihe im Muster-Schmidt Verlag
Begründet von Prof. Dr. Günther Franz
Herausgegeben von Prof. Dr. Detlef Junker

Ursula Vones-Liebenstein

Geboren 1947 in München; Studium der Geschichte und Romanistik an der Ludwig-Maximilians-Universität; Magister Artium und Staatsexamen 1973; Promotion an der Universität zu Köln 1992; seither als Historikerin, wissenschaftliche Mitarbeiterin an der Theologisch-Philosophischen Hochschule St. Georgen in Frankfurt a. M. und wissenschaftliche Übersetzerin tätig.
Veröffentlichungen: Saint-Ruf und Spanien. Studien zur Verbreitung und zum Wirken der Regularkanoniker von Saint-Ruf in Avignon auf der Iberischen Halbinsel (11. und 12. Jahrhundert) (1996), Saint-Victor in Paris. Vom Königskloster zur Kongregation (2007), Necrologium abbatiae Sancti Victoris Parisiensis (2012), sowie Aufsätze zur Geschichte des südfranzösisch-katalanischen Raums und zur Stellung der Frau in Frankreich und Spanien im 11. und 12. Jahrhundert.

Bibliografische Information der Deutschen Bibliothek.
Die Deutsche Bibliothek verzeichnet diese Publikation in der Deutschen Nationalbibliographie; detaillierte bibliografische Daten sind im Internet über http://dnb.ddb.de abrufbar.

ISBN 978-3-7881-0152-7

3. unveränderte Auflage 2026

Muster-Schmidt Verlagsgesellschaft
Hans Hansen-Schmidt mbH
37154 Northeim-Sudheim
E-Mail: info@muster-schmidt.de

Druck: Tolek, ul. Zwirki i Wigury 1, 43-190 Mikolów
Printed in Polen

Inhaltsverzeichnis

Einleitung

„Es schied aus dieser Welt die Herrin Alienor, Königin von Frankreich und England, Herzogin von Aquitanien. Der Glanz ihrer königlichen Kinder erleuchtete die Welt. Ihre adlige Lebensführung zeichnete sich durch Ehrenhaftigkeit aus. Ihre Anmut verfeinerte die Sitten. Ihre blühenden Tugenden gereichten ihr zum Ruhm, ihre unvergleichliche Rechtschaffenheit zur Ehre, sodass sie ausgezeichnet war unter fast allen Königinnen dieser Erde". Mit diesen Worten priesen die frommen Nonnen in Fontevrault ihre Wohltäterin, die in ihrem Kloster im Alter von über achtzig Jahren die letzte Ruhe gefunden hatte. Worte, die gar nicht recht zu passen scheinen zu der trotz aller wissenschaftlichen Ehrenrettungen seit Ende des 12. Jahrhunderts vorherrschenden Meinung, sie sei die „Heldin von Skandalgeschichten" (Georges Duby) gewesen.

Keine andere europäische Königin des 12. Jahrhunderts hat soviel Staub aufgewirbelt und die Phantasie der Menschen ihrer wie auch unserer Zeit beflügelt wie diese Aquitanierin, die die Kronen der beiden mächtigsten westlichen Reiche des Hochmittelalters trug. Schon zu ihren Lebzeiten rankten sich Legenden um ihre Person, aber erst ab dem 13. Jahrhundert verschlechterte sich ihr Ruf immer mehr, bis sie in unserer Zeit zum Prototyp der emanzipierten Frau hochstilisiert wurde, zur Vorkämpferin freier Liebe und Gallionsfigur eines unabhängigen Okzitanien.

Eleonore, die verführerische Sirene, die Georges Duby mit Heloise, einer anderen großen Liebenden des 12. Jahrhunderts, aber auch mit Isolde und Maria Magdalena in einem Atemzug nennt, Eleonore, die „dame galante“ oder „femme fatale“, Verführerin und Verführte zugleich, die bereits auf dem Kreuzzug eine Affäre mit ihrem Onkel in Antiochien gehabt haben soll – oder gar mit dem (damals erst zehnjährigen!) Sultan Saladin oder dem Kalifen von Bagdad –, die dann in Paris ins Bett ihres künftigen Schwiegervaters Gottfried von Anjou gehüpft oder von ihm verführt worden sein soll, und schließlich angeblich gar die Mätresse des Troubadours Ventadour war. Eleonore, der sich der Prediger Etienne de Bourbon im 13. Jahrhundert nicht scheute nachzusagen, sie habe den alternden Gilbert de la Porrée († 1154) aufgefordert, mit seinen Händen ihre Hüften zu streicheln, während der Dominikaner Helinand von Froidmont über sie das vernichtende Urteil fällte: sie habe sich nicht wie eine Königin betragen, sondern wie eine Hure. Nichts davon hält genauer Prüfung stand, aber „es gibt keinen Rauch ohne Feuer“, und nichts ist so hartnäckig wie Gerüchte.

Von der Verführerin war es nur ein kleiner Schritt zu Eleonore, dem Teufelsweib, die Philippe Mousket in seiner 1241 verfassten Reimchronik sagen lässt: „Ist mein Leib nicht verführerisch? Der König behauptet, dass ich eine Teufelin bin“. War es da nicht angebracht, dass die Großen des Reiches Ludwig VII. angeblich rieten, sich von ihr scheiden zu lassen, „da sie ein Teufel ist, und wenn Ihr sie weiter bei Euch behaltet, so wird sie Euch schließlich töten“. Eleonore, die Giftmörderin, die aus Eifersucht ihre Rivalin, die Geliebte Heinrichs II., die schöne Rosamunde, grausam ums Leben gebracht haben soll – obwohl sie damals längst hinter den Mauern der Burg von Salisbury gefangengehalten wurde. Eleonore schließlich, die Nachfahrin der Fee Melusine, die Verkörperung jener zauberkundigen Frau, der die angevinischen Könige, wie schon Richard Löwenherz wusste, ihre teuflische Abkunft verdankten.

Mit der Renaissance regionalen Selbstbewusstseins im 19. Jahrhundert entdeckte man positive Seiten an diesem Bild. Eleonore wurde zum Inbegriff der Südfranzösin, zwar leidenschaftlich, rachsüchtig und frivol, aber auch lebensfroh, impulsiv, weltoffen, empfänglich für Musik und schöne Künste, glücklich nur bei frohen

Festen, Tanz und Gesang im Kreise eines Hofstaats schöner junger Mädchen und hingebungsvoll in Liebe zu ihr entbrannter Troubadoure und Ritter. Eleonore, die Blüte des Südens, die im rauhen Norden Frankreichs, am frömmelnden, strengen Hof von Paris einging, wo niemand auch nur ihre Sprache verstand.

In unserem Jahrhundert entdeckte man dann einen neuen Aspekt: Eleonore, die emanzipierte Frau, die sich selbstbewusst über moralische Vorurteile hinwegsetzte und als Königin machtbewusst ihren eigenen Weg ging. Bis hin zu dem kühnen Urteil, „sie hätte die politische Schlüsselrolle des 12. Jahrhunderts" gespielt (M. Meade).

Seit gut einem Vierteljahrhundert haben sich die Historiker vermehrt mit der Stellung der Frau in der mittelalterlichen Gesellschaft auseinandergesetzt, mit ihrer rechtlichen Stellung, ihren Möglichkeiten und Mitteln, aktiv in das politische Geschehen einzugreifen. Gerade in ihrer Eigenschaft als Gattin und Mutter von Königen schien Eleonore als Königin und Mäzenin prädestiniert für eine hervorragende Stellung im gesellschaftlichen, politischen, literarischen und geistigen Leben ihrer Zeit. Wenn eine erneute Darstellung ihrer Geschichte sinnvoll erscheinen soll, müssen diese Aspekte Berücksichtigung finden.

Das Fehlen autobiografischer Zeugnisse, seien es Briefe oder Tagebücher, stellt jeden Versuch, die Persönlichkeit mittelalterlicher Frauen zu erfassen, vor besondere Schwierigkeiten. Dabei kann es nicht Aufgabe des Historikers sein, der untersuchten Gestalt Gefühle und Gedanken zuzuschreiben, die aus unserer Sicht den entsprechenden Situationen adäquat erscheinen würden. Ein solcher Versuch sollte ausschließlich dem historischen Roman oder der Filmkunst vorbehalten bleiben. Ein besonders gelungenes Beispiel dafür bietet der Film „Der Löwe im Winter" mit Catherine Hepburn. Kein Versuch, Eleonores Persönlichkeit möglichst objektiv aus den Quellen darzustellen, wird unsere Sinne und Gefühle so stark ansprechen wie das darin vermittelte Bild. Aber man sollte dabei nie vergessen, dass damit nur unsere eigenen Wertvorstellungen, Emotionen und Reaktionen in eine Vergangenheit zurückprojiziert werden, die ihre eigene Gesetzmäßigkeit und Werteskala besaß. Denn die Reaktionen der Menschen sind nur aus ihrer eigenen Zeit heraus verständlich, was jede subjektive oder psychologisierende Annäherung außerordentlich problematisch erscheinen lässt.

Aus vielfältigen Gründen nahm die Fürstentochter aus dem äußersten Westen Frankreichs eine Sonderstellung sowohl in ihrer eigenen Zeit als auch im Gedächtnis der Nachwelt ein. Die Fama, die sich ihrer schon im 13. Jahrhundert bemächtigte und Legenden von Liebe und Hass um ihre Person spann, sagt nur wenig über sie selbst aus, ihre Stilisierung als Paradebeispiel für die Stellung der „emanzipierten Frau“ im Mittelalter jedoch kaum mehr. Um ihre Persönlichkeit zu erfassen, soll hier versucht werden aufzuzeigen, wie sehr ihre Handlungen auf einem zeitbedingten Konzept von Familie und Geschlecht begründet waren und erst aus dem rechtlichen Kontext heraus verständlich werden.

„Aquitanien fließt über von Reichtümern aller Art ...”

Als „das sehr edle Mädchen, namens Alienor“ (Suger von Saint-Denis) 1124 als ältestes Kind des späteren Herzogs Wilhelm X. von Aquitanien und seiner Gattin Aenor von Châtellerault geboren wurde, war noch nicht abzusehen, dass sie zu einer der begehrtesten Erbtöchter ihrer Zeit werden sollte, einer Epoche, in der viele Herrschaften und Reiche auf dem Weg über die weibliche Erbfolge in die Hand anderer Geschlechter übergingen.

Das Herzogtum Aquitanien, zu dem seit Mitte des 11. Jahrhunderts auch die Gascogne zählte, konnte auf eine lange Tradition unabhängiger Herrschaft zurückblicken. Im 5. Jahrhundert hatten hier die Westgoten das Tolosaner Reich errichtet. Im 8. Jahrhundert vermochte Herzog Odo (718–735) eine königsgleiche Stellung aufzubauen. Erst nach langen, verheerenden Kriegen (760–768) konnten die Karolinger sein Reich unter ihre Botmäßigkeit bringen. Die edelsteinbesetzten, goldenen Armreife des letzten Herzogs Waifar wurden am Kreuz des Hochaltars von Saint-Denis angebracht, wo man sie noch zur Zeit Eleonores sehen konnte – Symbole eines tapferen, wenn auch meist vergeblichen Widerstandes, den der Adel Aquitaniens auch in ihrer Zeit allen Versuchen der Kapetinger und Plantagenet entgegensetzen sollte, seine Unabhängigkeit zu beschneiden.

Um dieser Mentalität Rechnung zu tragen, errichteten die Karolinger in Aquitanien ein Unterkönigtum. Nach dem Untergang dieses Reiches (877), das sich im Süden bis Barcelona erstreckte, bildeten sich in Toulouse und Poitiers rivalisierende Grafenhäuser heraus, wobei die Wilhelme von Poitiers nach dem Aufstieg der Kapetinger in Frankreich die Herzogswürde in Aquitanien für sich gewinnen konnten. Zu ihren Lehnsleuten zählten die mächtigen Grafen von der Auvergne, von Angoulême, der Marche und von Périgord, die Vizegrafen von Limoges, Châtellerault und Thouars sowie die Herren von Mauléon, Talmont, Rancon, Bergerac, Armagnac und Lusignan.

Schon in spätrömischer Zeit hatte Aquitanien, das „Land der Wasser", als die reichste der vier Provinzen Galliens gegolten. Noch Ende des 12. Jahrhunderts schwärmte der englische Chronist Ralph von Diceto: „Aquitanien fließt über von Reichtümern aller Art, sodass es von alters her alle anderen Gegenden der westlichen Welt übertrifft. Deshalb war es in den Augen der Geschichtsschreiber eine der glücklichsten und blühendsten Provinzen Galliens. Seine Felder sind fruchtbar, seine Weinberge ertragreich, und seine Wälder wimmeln von Wild". Salz und Wein waren die wichtigsten Handelsgüter, und der Wein von La Rochelle verdrängte im 12. Jahrhundert in England den einheimischen Wein vom Markt.

Römische Lebensart und römisches Recht prägten das Land zwischen den Pyrenäen und der Loire, zwischen den Cevennen und dem Atlantischen Ozean. Im Bewusstsein der Bevölkerung bildete die Loire noch gegen Ende des Spätmittelalters, als Aquitanien schon längst mit Frankreich vereint war, die Grenze zwischen Nord und Süd. Zur Zeit des ersten Kreuzzugs leitete man die Teilung Frankreichs in zwei verschiedene Welten bereits aus der Namengebung ab: „Als *provinciales* bezeichnet man die Burgunder, Auvergnaten, Gascogner und Goten, die anderen werden Franzosen genannt".

Eleonores Großvater, Herzog Wilhelm IX., der 1086 im jugendlichen Alter von fünfzehn Jahren die Herrschaft angetreten hatte, konnte zeitweise ein Gebiet in seiner Hand vereinigen, das von der Loire im Norden bis zu den Pyrenäen im Süden reichte und an den geographischen Umfang des alten Königreichs Aquitanien anknüpfte. Hatte er doch 1094 Philippa, die Erbtochter Graf Wil-helms

IV. von Toulouse, geheiratet. Der Streit um ihr Erbe bildete die Grundlage für den hundertjährigen Konflikt der Grafen von Poitou mit den Grafen von Toulouse, der sich wie ein roter Faden durch Eleonores politisches Leben zog.

Der normannische Chronist Ordericus Vitalis beschreibt Wilhelm als tapferen und aufrechten Mann, der so geistreich war, dass er es mit den besten Spielleuten aufnehmen konnte. Seinen Ruf als Weiberheld verdankt er vor allem Geschichtsschreibern aus dem englischen Raum, die wie Gerald von Wales auch über Eleonore Skandalgeschichten verbreiteten. Der als „ältester Trobador" bezeichnete Fürst, dessen teils deftige, teils schon dem Konzept des *fin d'amor* verhafteten Lieder einen entscheidenden Schritt auf dem Weg zur Troubadourlyrik der zweiten Hälfte des 12. Jahrhunderts darstellten, hatte eine jahrelange Liebesaffäre mit der Gattin des Vizegrafen Aimerich von Châtellerault. Als ihn seine betrogene Gattin, Philippa von Toulouse, deshalb 1119 auf dem Konzil von Reims offiziell der Untreue beschuldigte, musste ein Ausgleich zwischen beiden Familien gefunden werden. Deshalb wurde ein Jahr später die Ehe zwischen dem gleichnamigen Sohn des Herzogs und einer Tochter Vizegraf Aimerichs von Châtellerault geschlossen.

Über Eleonores Mutter Aenor wissen wir nur wenig. Jedoch scheint sie einen bestimmenden Einfluss auf ihren Gatten ausgeübt zu haben, da dieser, solange sie lebte, in politischen und religiösen Fragen den Rat ihrer Familie befolgte. Wie ihr Bruder, Raoul de Faye, förderte auch sie den Orden der Regularkanoniker und ließ sich im Kreuzgang der von ihr gegründeten Abtei in Nieul-sur-l'Autise begraben. Da Eleonore ein sehr positives Verhältnis zur Familie ihrer Mutter entwickelte und gerade den Ratschlägen des Raoul de Faye immer folgte, war der Einfluss Aenors sicher nicht gering zu veranschlagen.

Als Eleonore oder Alienor, wie sie in den Quellen genannt wird, – die andere Aenor, wie ein Geschichtsschreiber wohl im Anklang an den Namen ihrer Mutter erklärte – 1124 geboren wurde, war noch nicht absehbar, dass sie die ausgedehnten und reichen Herrschaften ihres Hauses erben würde, da berechtigte Hoffnung auf die Geburt eines männlichen Erben bestand. 1128 wurde ein Bruder, Wilhelm Aigret, geboren, mit dem Eleonore 1130 erstmals zusammen in einer Urkunde Wilhelms X. offiziell erwähnt wurde. Bald darauf starb der Knabe, während ihre Mutter noch einer weiteren Tochter das Leben schenkte, Aelith (Alice), die man in Frankreich auch Petronilla nannte.

Es ist nicht überliefert, wie Eleonore ihre Kindheit und Jugend verbrachte. Wahrscheinlich wurde sie, wie in adligen Familien üblich, einer Amme anvertraut, weil man noch auf einen männlichen Erben hoffte. Da sie des Lesens und Schreibens kundig und mit der lateinischen Sprache vertraut war, ist es nicht unwahrscheinlich, dass sie einige Jahre in der Obhut ihrer Tante, der Äbtissin Agnes von Notre-Dame de Saintes, verbrachte. Wurden doch Töchter des Adels häufig in Klosterschulen erzogen, wie später auch ihre eigene Tochter Johanna in Fontevrault. Eleonore war dieser Äbtissin besonders zugetan und stellte ihrem Kloster in den ersten Jahren nach ihrer Heirat mit Ludwig VII. viele Privilegien aus.

Ob sie in diesen Jahren Gelegenheit hatte, Spielleuten zu lauschen und selbst am höfischen Leben teilzunehmen, muss offen bleiben. Aber selbst wenn sich so junge Mädchen adligen Standes meist abgeschlossen in den Frauengemächern der Burgen, den Kemenaten, aufhielten, mag sie die Vorliebe für fröhliche Geselligkeit, Musik, Gesang und Dichtkunst von ihrem Großvater geerbt haben, bei dessen Tod sie gerade zwei Jahre alt war.

Eleonores Vater, Herzog Wilhelm X., hatte sich im Papstschisma von 1130 als einer der wenigen abendländischen Fürsten für die Sache Anaklets II. entschieden. Beeinflusst vom päpstlichen Legaten Gerald von Angoulême und der Familie seiner Frau, vertrieb er die Bischöfe von Poitiers und Limoges von ihren Sitzen und ließ Aenors Onkel, Peter von Châtellerault, in Poitiers zum Bischof einsetzen. Erst nach Aenors Tod war er bereit, auf den Rat Bernhards von Clairvaux zu hören und 1135 zur Partei Innozenz' II. überzutreten. Seine Wallfahrt nach Santiago de Compostela stand wohl im Zusammenhang damit.

Wilhelm X. war gerade 38 Jahre alt, als er diese für das Schicksal Eleonores so bedeutsame Pilgerfahrt antrat. Er war korpulent, sonst aber bei bester Gesundheit und rechnete wohl mit weiteren Erben, da er eine neue Ehe mit Emma, der Tochter Vizegraf Ademars von Limoges, plante. Doch stand die Wallfahrt unter keinem guten Stern. Emma wurde während der Abwesenheit des Herzogs entführt und von ihrem Entführer geheiratet. Wilhelm selbst aber erkrankte und starb Ostern 1137 in der Stadt des heiligen Jakob. Auf seinen Wunsch hin wurde er in der dortigen Kathedrale beigesetzt.

Es war ein denkbar ungünstiger Zeitpunkt. Sein jüngerer Bruder Raimund, der nach aquitanischem Recht Erbansprüche hätte geltend machen können, hatte um 1130, wahrscheinlich noch vor dem Tod des kleinen Wilhelm Aigret, Aquitanien verlassen. Es war ihm gelungen, die Gunst König Heinrichs I. von England zu erlangen, der seine Heirat mit der Erbtochter des Fürstentums Antiochien vermittelte. Schon seit einem Jahr weilte er im Heiligen Land und war vor allem um eine Sicherung seiner eigenen Herrschaft bemüht. Vergeblich wünschte sich der Troubadour Marcabru, „dass der Herr, der für das Heilige Grab kämpfte, nun Poitiers und Niort beschütze". Raimund fiel sowohl als Herzog wie auch als Vormund für die beiden unmündigen Töchter Herzog Wilhelms – Eleonore und Aelith, die gerade erst 13 und 6 Jahre alt waren – aus.

Angesichts dieser Tatsache suchte Wilhelm X. nach einer Möglichkeit, die Herrschaft in Aquitanien seinem Hause zu sichern. Die Chroniken von Morigny und Saint-Germain vermelden ebenso wie Ordericus Vitalis, der Herzog habe mit Zustimmung der Großen seines Reiches befohlen, seine Tochter Eleonore mit dem Sohn des französischen Königs zu vermählen. Damit habe er seine Rechte auf diesen übertragen. Es habe sich also um eine Personalunion zwischen Frankreich und Aquitanien gehandelt, eine Tatsache, der der zukünftige Bräutigam immer Rechnung trug, indem er in Urkunden den Doppeltitel eines Königs von Frankreich und Herzogs von Aquitanien führte.

In seiner Lebensbeschreibung Ludwigs VI. von Frankreich berichtet Abt Suger von Saint-Denis dagegen, der Herzog habe sich an den französischen König Ludwig VI. mit der Bitte gewandt, seine Töchter zu verheiraten und über sein Reich zu verfügen. Und in der Vita Ludwigs VII. geht Suger sogar noch weiter, indem er – ganz im Sinne der neu formulierten Rechtsansprüche der französischen Krone – betont, der französische König habe beim Fehlen eines männlichen Erben über Aquitanien faktisch wie über ein heimgefallenes Lehen verfügen können. Deshalb habe Ludwig VI. beschlossen, die ältere Schwester mit seinem Sohn, die jüngere aber mit seinem Vetter, Raoul von Vermandois, zu verheiraten.

Unterstützt wurden die Ansprüche des französischen Königs in Aquitanien vor allem von der kirchlichen Partei, an deren Spitze der Erzbischof von Bordeaux, Gottfried von Loroux, stand. Erleichterte doch der Anschluss an Frankreich die Säuberung der Kirche von Anhängern Anaklets II., die immer noch Schlüsselstellungen in den Kapiteln von Bordeaux, Poitiers und Angoulême innehatten. Zudem fand noch vor Abreise der Hochzeitsgesellschaft ein „Handel“ (D. Laube) statt. Ludwig VI. garantierte der aquitanischen Kirche weitreichende Privilegien, wie die Freiheit der Bischofs- und Abtswahl ohne Leistung eines Treueids, und verzichtete auf sein Spolienrecht, d. h. die Einziehung der Einkünfte vakanter Bistümer und Abteien, Rechte, die sein Sohn unmittelbar nach seinem Regierungsantritt allen betroffenen Bistümern und Abteien bestätigte.

Rückhalt fand die kirchliche Partei auf französischer Seite auch beim Bischof von Chartres, Gottfried von Lèves (1116–1149), der bereits 1132 zum Legat Innozenz II. für Aquitanien bestellt worden war. Er hatte das Treffen Herzog Wilhelms mit Bernhard von Clairvaux arrangiert, um dessen Übertritt zu Innozenz II. zu bewirken. Nun begleitete er den Brautzug. Als Ludwig wegen des Todes seines Vaters vorzeitig zurückgerufen wurde, nahm er Eleonore in seine Obhut. Nur zwei Jahre später sollte er – in Ausführung der Beschlüsse des zweiten Laterankonzils von 1139 – Aquitanien bereisen, die Gebeine des im Jahr zuvor verstorbenen Gerald von Angoulême exhumieren und zerstreuen, die von ihm geweihten Altäre umstürzen und alle früheren Anhänger Anaklets II. aus den

Tafel 1

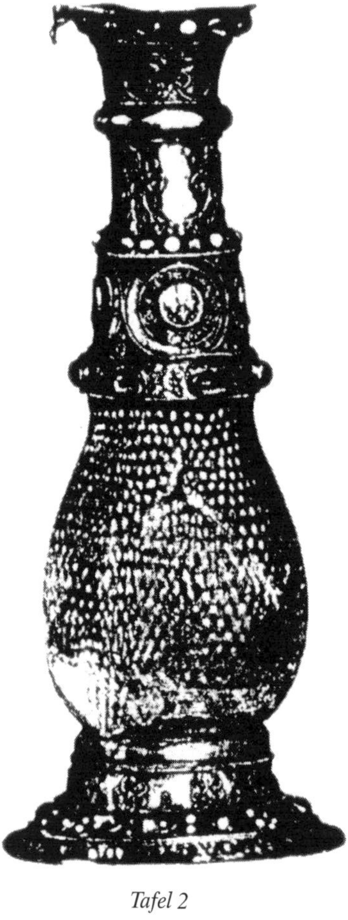

Tafel 2

Kapiteln und Klöstern vertreiben. Damit hatten sich alle Hoffnungen erfüllt, die die kirchliche Partei auf die Eheschließung Eleonores mit dem französischen Thronfolger gesetzt hatte.

Aber noch ein dritter, bisher kaum beachteter Aspekt, spielte beim Abschluss dieses Heiratsprojekts eine Rolle: die Haltung Aquitaniens in dem seit dem Tod Heinrichs I. (1. Dez. 1135) schwelenden Konflikt zwischen Stephan von Blois und Mathilde von England um die englische Königskrone. Noch im September 1136, vor seinem Aufbruch nach Santiago, hatte Eleonores Vater als Bündnispartner Gottfrieds von Anjou und der Mathilde von England deren Versuch zur Eroberung der Normandie militärisch unterstützt und zwar bewusst gegen die Interessen des Hauses von Blois-Champagne. Stephan wiederum, der die englische Krone nach dem Tode Heinrichs I. für sich gewonnen und damit die Ansprüche Mathildes durchkreuzt hatte, war an Ostern 1137 zu einer Einigung mit seinem älteren Bruder Graf Theobald von Blois-Champagne gelangt. Der Ausfall Aquitaniens als Machtfaktor, der gleichbedeutend mit einer Abkehr von der bisherigen Bündnispolitik der aquitanischen Herzöge war, stellte für beide Brüder einen beachtlichen Vorteil dar. So verwundert es nicht, Graf Theobald an hervorragender Stelle unter den Teilnehmern der Brautfahrt Ludwigs VII. zu finden. Es war also nicht nur dem Einfluss Abt Sugers von Saint-Denis zuzuschreiben, dass König Ludwig VI. die günstige Gelegenheit ergriff und die Erbtochter des aquitanischen Herzogtums zur Gattin seines gleichnamigen Sohnes bestimmte.

Alle diese Entscheidungen wurden getroffen, ohne dass Eleonore in irgendeiner Form ein Mitspracherecht zugebilligt worden wäre. Sie war nicht viel mehr als eine Schachfigur auf dem Spielbrett der Politik, wobei diesmal die Kapetinger und die Grafen von Blois-Champagne gegenüber dem Haus der Grafen von Anjou den Sieg davontrugen.

Zudem hätte die Wahl eines Bräutigams auch weit schlimmer ausfallen können. Ludwig war 1120 als zweiter der fünf Söhne Ludwigs VI. und seiner Gattin Adelheid von Savoyen geboren worden und nur zwei Jahr älter als Eleonore. Häufig war der Altersunterschied weit gravierender. So wurde nur drei Wochen nach der Eheschließung Eleonores am 11. August 1137 die gerade zweijährige Petronilla von Aragón, die Tochter ihrer Tante Agnes von Poitou, mit dem 22 Jahre älteren Grafen von Barcelona vermählt. Als diese Ehe 1151 vollzogen wurde, sollte Eleonore schon vor den Trümmern ihrer ersten Heiratsverbindung stehen.

Der zeitgenössische Chronist von Morigny beschreibt Ludwig als „von eleganter Gestalt, ehrenhaften Sitten, großer Frömmigkeit und lebhaften Geistes“. Ursprünglich für eine geistliche Karriere bestimmt, war er erst nach dem tragischen Reitunfall seines Bruders Philipp zum Mitregenten bestimmt und am 25. Oktober 1131 von Innozenz II. selbst zum König gesalbt worden. Mit einem Gefolge von über 500 Herren, zu denen auch der Seneschall Raoul von Vermandois gehörte, machte er sich auf die Brautfahrt nach Aquitanien. Vorsorglich hatte sein Vater den adligen Herren vorher noch das Versprechen abgenommen, auf dieser Fahrt, die eher einem Kriegszug als einer Brautwerbung glich, keinerlei Übergriffe auf aquitanische Besitzungen zu dulden, da er diese seinem Reich einzugliedern gedachte.

Am 30. Juni, dem Festtag des hl. Martial, machte man in Limoges Station, und Ludwig traf dort mit dem Abt von Cluny und dem Grafen von Toulouse zusammen. In den ersten Julitagen erreichte er mit seinem Gefolge Bordeaux, wo Eleonore im Palast de l'Ombrière auf ihn wartete, dessen Garten mit einem von Lorbeerbäumen umstandenen maurischen Pavillon terrassenartig zur Garonne abfiel. Ludwig und sein Gefolge schlugen ihre Zelte am gegenüberliegenden Ufer auf und setzten mit Booten über den Fluss. Am 25. Juli fand in der Kathedrale Saint-André in Gegenwart fast des gesamten aquitanischen Adels die glanzvolle Hochzeit statt. Nach der Trauungszeremonie wurden Ludwig und Eleonore zum König und zur Königin von Frankreich gekrönt. Suger berichtet, außerdem habe ein Austausch von Geschenken stattgefunden: Ludwig gab seiner jungen Braut Juwelen, während diese ihm ein kostbares Gefäß aus dem Schatz der aquitanischen Herzöge überreichte, das später in den Besitz der Abtei Saint-Denis überging (s. Tafel 2).

Von Bordeaux zogen die Jungvermählten nach Poitiers, wobei entweder in Saintes oder bei einem Aufenthalt in Taillebourg, der Burg des Gottfried von Rancon, die Ehe vollzogen worden sein soll. In der alten Herzogsstadt Poitiers, dem Kern des aquitanischen Reiches, fand am 8. August in der Kathedrale Saint-Pierre die Krönung beider zum Herzog und zur Herzogin von Aquitanien statt, begleitet von der Huldigung des Adels. Kurz zuvor hatten sie wohl die Nachricht vom Tode des französischen Königs erhalten, der in Paris an den Folgen einer schweren Darmerkrankung gestorben war. Ludwig VII. beeilte sich, nach Paris zurückzukehren, wo sein Vater inzwischen in der Kirche von Saint-Denis die letzte Ruhe gefunden hatte.

Königin von Frankreich (1137–1152)

Als sich die junge Königin, geleitet von Bischof Gottfried von Chartres, Paris näherte, bot sich ihr ein reizvoller Anblick. Auf der großen Insel in der Seine, die nur über zwei Holzbrücken zugänglich war, lag der mit Mauern bewehrte Kern der Stadt. Den westlichen Teil der Ile de la Cité nahm die Königspfalz, das ehemalige römische Prätorium, ein, während sich im östlichen Teil die romanische Kathedrale Notre-Dame mit Bischofspalast und Kapitelimmunität erhob. Die Pfalz, an die sich ein großer Garten anschloss, stammte noch aus merowingischer Zeit, war aber im 11. Jahrhundert auf Initiative Roberts des Frommen umgebaut und mit einer Burgkapelle ausgestattet worden. Der eben verstorbene Ludwig VI. hatte einen großen Burgfried mit drei Meter dicken Mauern errichten und die königlichen Gemächer, die auf die Gärten hinausgingen, durch zwei Wohntürme absichern lassen.

Eleonore scheint sich schnell dort zurechtgefunden zu haben, denn schon bald nach ihrer Ankunft beklagte sich die Königinmutter bei ihrem Sohn über die Verschwendungssucht bei Hofe und zog sich in die Pfalz von Compiègne zurück, die ihr als Morgengabe zustand. In einem Brief an eine gewisse Sophia, deren schlichtes, jungfräuliches Leben er lobt, liefert uns Bernhard von Clairvaux eine Beschreibung höfischer Mode: „Du siehst Frauen, die mit Gold, Silber, Edelsteinen und schließlich mit jedem königlichen Putz nicht so sehr geschmückt als beladen sind. Du siehst, wie sie lange, sehr kostbare Schleppen hinter sich herziehen, die dichte Staubwolken in der Luft aufwirbeln ...". Er erwähnt die kostbaren Ohrgehänge und Perlen dieser Damen, ihre Kleider aus Purpur und feinem Linnen sowie ihre Zobelpelze und tadelt, dass sie Schminke benutzen, um „in den Augen der Toren schön" zu erscheinen. Aber seine Worte belegen ebenso wie Miniaturen in zeitgenössischen Handschriften, dass das Leben bei Hofe, trotz Ludwigs Ausbildung an der Pariser Domschule, keineswegs allein von theologischen Diskussionen bestimmt wurde. Es mochte auch für eine aquitanische Herzogstochter manche Abwechslung bieten. Nennt doch Guiot de Provins in seiner um 1206 verfassten Bibel nach Friedrich Barbarossa und noch vor Heinrich II. von England Ludwig VII. von Frankreich als Förderer der Dichtkunst, selbst wenn die Troubadoure, die am Hof in Poitiers gesungen hatten, neue Mäzene nicht in Nordfrankreich, sondern an den Höfen von Toulouse und Kastilien suchten.

Mit ihrer Ankunft am französischen Königshof trat Eleonore in die Stellung ihrer Schwiegermutter ein, jedoch vermochte sie nicht, denselben Einfluss wie diese geltend zu machen. War Ludwig VII. wirklich „ein Spielzeug in der Hand seiner Gattin" (M.-B. Bruguire)? Oder erfuhr seit seinem Regierungsantritt „die offizielle Stellung der Königin eine Minderung" (M. Facinger)? In einer Urkunde aus dem Jahre 1146 sprach Ludwig von Eleonore als der *„regina collaterali nostra",* der Frau an seiner Seite. Was aber sagte dies wirklich über ihre Stellung als Königin von Frankreich und Herzogin von Aquitanien aus?

Die französischen Königinnen hatten seit dem 11. Jahrhundert Anteil an den meisten öffentlichen Herrschaftsfunktionen ihres Gatten. Sie wohnten großen Hof- und Gerichtsversammlungen bei, waren beim Empfang ausländischer Gesandter anwesend und nahmen zusammen mit dem König den Treueid der Lehnsleute entgegen. Mit Adelheid von Savoyen, der Mutter Ludwigs VII. und Nichte Papst Calixt' II., hatte der Einfluss der französischen Königin einen ersten Höhepunkt erreicht: In 55 Urkunden erfolgte die Datierung auch nach ihren Regierungsjahren, in 45 wurde ihre Teilnahme an der Entscheidungsfindung betont und in 6 unterschrieb sie eigenhändig.

In den fünfzehn Jahren, die Eleonore Königin von Frankreich war, erschien sie nur in 21 von insgesamt 276 Urkunden Ludwigs, wovon 17 rein aquitanische Angelegenheiten betrafen, zu denen ihre Zustimmung erforderlich war. Es handelte sich vornehmlich um Schenkungen für geistliche Institute wie Fontevrault oder Klöster in Poitiers und Saintes. In besonders wichtigen Fällen ließ sie parallel zur Urkunde ihres Gatten eigene Urkunden von ihrem Kapellan Peter ausfertigen, wie beispielsweise anlässlich der Seelgerätstiftung für ihre Eltern zugunsten der Templer in La Rochelle oder der Bestätigung des Münzrechts für das von ihrer Tante Agnes geleitete Kloster Sainte-Marie in Saintes. Gelegentlich besiegelte sie auch ihre Urkunden mit einem eigenen Siegel, mit der Umschrift ALIENOR[dis] DUCISSE AQUITAN., Eleonore, Herzogin von Aquitanien. Jedoch verfügte sie, anders als die zweite Gattin Ludwigs, Konstanze von Kastilien, über kein Siegel als Königin von Frankreich. Aus der Überlieferung wird auch nicht ersichtlich, ob sie in irgendeiner Form in die politischen und rechtlichen Konflikte eingreifen konnte, die direkt oder indirekt durch ihre Heirat mit dem französischen König bedingt waren.

Ludwig VII. versuchte nach 1138, seinen eigenen Weg zu finden. Als König von Frankreich verfügte er vor allem über die Kron-domäne in der Ile-de-France, einem Gebiet zwischen Paris, Sens und Orléans, dem Seinetal und dem Tal der Oise, das dank der Politik seines Vaters eine relativ geschlossene Herrschaft bildete. Zudem war er Lehnsherr mehrerer großer, aber relativ unabhängiger Herzogtümer und Grafschaften, von der Normandie und dem Anjou im Nordwesten, über die Grafschaften Flandern im Nordosten und Burgund sowie die Champagne im Osten. Flandern und Burgund waren in diesen Jahren relativ königsfern, während in der Normandie, im Anjou und in der Champagne seit dem Tode Heinrichs I. von England vor allem die Frage der Nachfolge auf dem englischen Thron die Gemüter bewegte. Wie sich bereits unter Ludwig VI. gezeigt hatte, versuchten die französischen Könige vermehrt, ihren Anspruch auf Anerkennung als Oberlehnsherren im ganzen Bereich des früheren westfränkischen Reichs durchzusetzen.

Da die Herzöge von Aquitanien immer auf eine Wahrung ihrer Unabhängigkeit bedacht gewesen waren, machte sich Ludwig VII. nun daran, das Herzogtum soweit wie möglich seinem Herrschaftsbereich einzugliedern, indem er dort die gleichen Rechte wie in Frankreich geltend machte. Zwar führte er seit seiner Krönung in Poitiers in seinen Urkunden neben dem Titel eines Königs von Frankreich auch den eines Herzogs von Aquitanien und betonte unter bewusster Bezugnahme auf Wilhelm X., dass er sich in der Rechtsnachfolge der aquitanischen Herrscher sah, war aber gleichzeitig bestrebt, Aquitanien fest an Frankreich zu binden. Bereits 1137 hatte er im Sinne der Herrschaftssicherung eigene Verwaltungsbeamte, sog. Prevôts, in Aquitanien zurückgelassen. Und auch in den bald einsetzenden Interessenkollisionen mit Städten, Adel und Bischöfen sollte seine oberste Richtschnur immer das Interesse des kapetingischen Hauses sein.

Eine Einflussnahme Eleonores war dabei weder bei der im April 1138 erfolgten Niederschlagung einer kommunalen Bewegung in Poitiers spürbar, die auf das ganze Poitou überzugreifen drohte, noch bei der unter strenger Beachtung der rechtlichen Normen durchgeführten Disziplinierung des aquitanischen Adels. Auch 1141 berief sich Ludwig auf Königsrecht, nämlich auf die bis dahin in Aquitanien völlig unbekannte *„licentia elegendi"*, das Recht des französischen Königs, den Wählern die Erlaubnis zur Wahl eines Bischofs zu erteilen, als er sich weigerte, die Bischofswahlen in Bordeaux und Bourges anzuerkennen. Dafür nahm er sogar ein völliges Zerwürfnis mit der Kurie in Kauf.

Der Zug gegen Toulouse im Frühjahr 1141 reihte sich nahtlos in diese politische Linie des Kapetingers ein. Den Vorwand dazu lieferten die Erbansprüche des aquitanischen Hauses auf diese Grafschaft. Eleonores Großmutter, Philippa von Toulouse, war vom Bruder ihres Vaters, Raimund von Saint-Gilles, um ihr Erbe gebracht worden. Nach vielen kriegerischen Auseinandersetzungen, in deren Verlauf sich Stadt und Grafschaft Toulouse wiederholt über Jahre hinweg im Besitz der Aquitanier befanden – Philippa residierte dort einige Jahre und nahm den Lehnseid des Toulousaner Adels entgegen –, musste sich Herzog Wilhelm IX. 1123 endgültig aus Toulouse zurückziehen. Eleonores Vater, der sich in seinen Urkunden manchmal als „Wilhelm, Herzog von Aquitanien, Sohn einer Toulousanerin“, bezeichnete, unternahm keinen weiteren Versuch zur Rückgewinnung des mütterlichen Erbes, während sein in Toulouse geborener jüngerer Bruder Raimund, der ursprünglich die Nachfolge dort antreten sollte, im Heiligen Land die Hand der Erbtochter des Fürstentums Antiochien für sich gewann.

Die Rechtsansprüche des aquitanischen Hauses auf die Grafschaft Toulouse bestanden jedoch latent fort. Eleonore begleitete ihren Gatten im Frühjahr 1141 bis südlich von Poitiers, blieb dann jedoch mit ihrem Gefolge in Aquitanien zurück. Da der Graf von der Champagne Ludwig die Heerfolge verweigert hatte und auch keine aquitanischen Ritter dem Heer folgten, scheiterte der Feldzug schließlich am entschiedenen Widerstand der Stadt Toulouse. Dennoch konnte Ludwig VII. einen wichtigen Erfolg verzeichnen: Alfons Jourdain (1112/1120–1147), der Sohn des Raimund von Saint-Gilles, leistete ihm den Lehnseid und erkannte damit nach langen Jahren als erster Graf von Toulouse den französischen König wieder als seinen obersten Lehnsherrn an. Wie sehr der König selbst – unabhängig von Erbansprüchen Eleonores – an einer Ausdehnung seiner Herrschaft in den südfranzösischen Raum interessiert war, zeigte sich, als er nur zwei Jahre nach der Scheidung von Eleonore seine Schwester Konstanze mit dem Sohn des Alfons Jourdain verheiratete.

Eleonore hatte in Poitiers auf die Rückkehr Ludwigs gewartet. Dieser machte sich nun daran, in Aquitanien eine eigene Klientel aufzubauen. So gewann er einzelne Adelige wie Wilhelm III. von Mauzé und Gottfried von Rancon sowie einige Adelsfamilien wie die Mauléon, die die Atlantikküste bis südlich von La Rochelle beherrschten, oder die Lusignan, deren Burgen südlich von Poitiers lagen, durch besondere Gunsterweise als sichere Verbündete. Ebenso verpflichtete er sich die Vizegrafen von Limoges, während er gleichzeitig sorgfältig darauf achtete, mächtige Vasallen des Herzogs von Aquitanien wie die Grafen von Angoulême zu neutralisieren.

Zweimal hatte sich Graf Theobald IV. von der Champagne (1125–1152) geweigert, dem König in aquitanischen Angelegenheiten Heerfolge zu leisten, und sich dabei auf seine Pflicht berufen, zuvor den Rat seiner Vasallen einzuholen. Er hatte die Ehe Eleonores mit Ludwig VII. vor allem deshalb begrüßt, weil sie zu einer Isolierung der angevinischen Partei führte, die die Rechte des Hauses Blois auf die englische Krone bestritt. Nun hatten aber nach Ausbruch des Bürgerkriegs in England im Frühjahr 1141 verschiedene Umstände zu einer Einigung des Grafen mit dem Haus Anjou und seinem Verzicht auf eigene Ansprüche geführt. Die von Ludwig VII. angestrebte enge Verzahnung zwischen Aquitanien und dem französischen Reich wurde damit zu einer Bedrohung des angevinisch-champagnischen Bündnisses. Deshalb kehrte Theobald zu seiner bis 1135 verfolgten Politik zurück und vollzog erneut den Bruch mit dem kapetingischen Königshaus.

Anfang 1142 gewährte er dem von Ludwig VII. vertriebenen, geweihten Erzbischof von Bourges Zuflucht, und im Frühjahr desselben Jahres berief er ein Legatenkonzil in sein Hauskloster Lagny ein, das die Scheidung des Seneschalls Raoul von Vermandois für ungültig erklärte.

Die Trennung des Grafen von Vermandois von seiner Gattin Eleonore, die dem Grafenhaus von der Champagne verwandt war, und seine nachfolgende Heirat mit Aelith von Aquitanien wurden in der Literatur häufig der Initiative der französischen Königin zugeschrieben. Wenn man nicht gar, wie Régine Pernoud, unterstellte, dass Aelith selbst „liebestoll" gewesen sei und es auf den älteren Herrn „mit den grauen Schläfen" (der seit der Schlacht von Livry 1128 einäugig war!) abgesehen hatte.

Nun hatte aber bereits Abt Suger von Saint-Denis in seiner Lebensbeschreibung Ludwigs VII. betont, Ludwig VI. habe eine solche Verbindung parallel zur Eheschließung zwischen seinem Sohn und Eleonore geplant. Da nach kanonischem Recht Aelith erst mit dem zwölften Lebensjahr das heiratsfähige Alter erreichte, konnte der Plan nicht vor 1142 verwirklicht werden. Zählte doch Raoul von Vermandois nicht nur zu den engsten Verwandten des Königs, sondern übte zudem noch das wichtige Amt des Seneschalls aus. Zwar hatte er 1138 die Forderung der Königinmutter Adelheid von Savoyen unterstützt, ihr die Pfalz in Compiègne als Witwensitz zuzuweisen, doch fand er sich seit 1139 wieder regelmäßig bei Hofe ein. Durch die Heirat mit Aelith band ihn Ludwig VII. noch stärker in den Kreis seiner engsten Vertrauten ein, während er gleichzeitig einen anderen bedeutenden königlichen Amtsträger, den Konnetabel Matthäus von Montmorency, auszeichnete, indem er ihm die Hand seiner Mutter, Adelheid von Savoyen, gab. Nach dieser Absicherung seiner Stellung in der Ile-de-France bereitete er sich darauf vor, den Grafen von der Champagne mit Krieg zu überziehen.

Als die päpstlichen Legaten in Lagny die Scheidung des Raoul von Vermandois von seiner ersten Gattin wegen zu naher Verwandtschaft für ungültig erklärten, belegten sie gleichzeitig Raoul und Aelith mit dem Bann. Die Lösung von diesem Bann sollte in den folgenden kriegerischen Auseinandersetzungen mit dem Grafen von der Champagne eine der Hauptforderungen des Königs darstellen. Dabei geht aus der Korrespondenz Bernhards von Clairvaux hervor, dass auch Eleonore jede Einigung ablehnte, die einer Auflösung der Ehe ihrer Schwester gleichgekommen wäre. Warf ihr der Zisterzienserabt doch vor, ihre Haltung sei unverständlich, da auch sie selbst mit Ludwig im gleichen Grad verwandt sei wie Eleonore von der Champagne mit Raoul von Vermandois. Sie sollte sich bei passender Gelegenheit daran erinnern. Johannes von Salisbury berichtet, dass eine endgültige Lösung erst 1148 auf dem Konzil von Reims gefunden wurde, als sich Raouls verstoßene Gattin bereit erklärte, gegen Rückgabe ihrer Mitgift in die Scheidung einzuwilligen, da er „ja offensichtlich eine andere liebe“. Zu diesem Zeitpunkt hatte ihm Aelith bereits einen Sohn und eine Tochter geboren, bevor sie 1152 nur wenig mehr als zwanzig Jahre alt bei der Geburt ihrer dritten Tochter, Eleonore, starb.

Die Behauptung Bernhards, Eleonore habe einem Friedensschluss mit dem Grafen von der Champagne entgegengestanden, ist der einzige Hinweis auf eine Mitwirkung der Königin in der Politik dieser Jahre, ein Eingriff, der in enger Beziehung zu den Interessen ihres Hauses stand. Ansonsten ist verschiedentlich ihre Teilnahme an öffentlichen Handlungen des Königs vermerkt. So war sie im Spätsommer 1138 bei der Investitur des Bischofs von Langres in der Kathedrale von Le Puy anwesend oder bestätigte ein anderes Mal den Verzicht des Königs auf sein Spolienrecht in der Pariser Kirche. Am 11. Juni 1144 wohnten beide der Weihe der von Abt Suger erbauten Abteikirche von Saint-Denis bei, die bis 1789 zum Pantheon der französischen Könige werden sollte.

Im persönlichen Bereich zeigten sich ernste Schwierigkeiten, als Eleonore nach einer Fehlgeburt jahrelang keine Kinder mehr bekam. In ihrer Not soll sie sich sogar an Bernhard von Clairvaux gewandt haben, der ihr riet, sich für die Wiederherstellung des Friedens zwischen dem Grafen von der Champagne und ihrem Ehemann einzusetzen. Dann werde sie im Vertrauen auf die göttliche Barmherzigkeit ein Kind empfangen. Ein Jahr später schenkte sie ihrer ersten Tochter das Leben, die später als Marie von der Champagne berühmt werden sollte.

Kehren wir zur anfangs gestellten Frage nach dem Einfluss Eleonores auf die französische Politik zurück, so ergibt sich ein negatives Bild für die ersten Jahre ihrer Ehe mit Ludwig VII. Während seiner Konflikte mit der aquitanischen Kirche, dem Adel und den Städten trat sie nicht in Erscheinung. Der Zug Ludwigs gegen Toulouse war zwar in ihrem Sinn, ermöglichte jedoch dem französischen König die Durchsetzung seines Anspruchs, von den Grafen von Toulouse als Oberlehnsherr anerkannt zu werden. In der Eheangelegenheit ihrer Schwester vertrat sie deren Interessen, die Heirat als solche diente jedoch vor allem dazu, einen der großen Kronvasallen und königlichen Amtsträger stärker an die Krone zu binden. Die folgenden Jahre zeigten, dass Ludwig nicht bereit war, ihr wirkliche Macht anzuvertrauen. Weder übertrug er ihr während seiner Abwesenheit auf dem Kreuzzug die Regentschaft in Frankreich, noch hörte er in wichtigen politischen Fragen auf ihren Rat. Die Folgen sollten sich nach der Rückkehr vom Kreuzzug zeigen.

„In heißer Lieb entbrannt...“: Kreuzzug und Scheidung

Im Dezember 1144 war Edessa in die Hand Zengis, des seld-schukischen Atabegs von Mossul und Aleppo, gefallen, die Bevölkerung war niedergemetzelt, die lateinischen Kirchen zerstört worden. Dadurch fühlten sich die christlichen Reiche im Heiligen Land – besonders das an Edessa angrenzende Fürstentum Antiochien –aufs äußerste bedroht und wandten sich mit der Bitte um Hilfe an den Heiligen Stuhl. Am 1. Dezember 1145 rief der Papst daraufhin den französischen Adel zu einem Kreuzzug ins Heilige Land auf.

Auf einem glanzvollen Hoftag in Bourges, auf dem er zusammen mit Eleonore vom Erzbischof von Reims erneut feierlich gekrönt worden war, gab Ludwig VII. an Weihnachten 1145 unabhängig vom Papst seine Absicht bekannt, eine Heerfahrt ins Heilige Land zu unternehmen. Vorausgegangen war eine plastische Schilderung der dortigen Zustände durch Bischof Gottfried von Langres und ein Hilfeersuchen von Eleonores Onkel Raimund von Antiochien, der Boten mit Geschenken nach Frankreich geschickt hatte. Ein solches Vorhaben stieß aber zunächst weder beim versammelten Adel noch bei Abt Suger von Saint-Denis auf größere Resonanz.

Ostern des folgenden Jahres wurde ein Hoftag nach Vézelay, einem bedeutenden Wallfahrtszentrum in Burgund, einberufen. Darauf bedacht, die Durchführung von Kreuzzügen weiterhin als Sache des Papsttums erscheinen zu lassen, hatte Eugen III. Bernhard von Clairvaux beauftragt, zu einem allgemeinen Kreuzzug aufzurufen. In einer leidenschaftlichen Predigt wandte sich der Abt an den König und die versammelten weltlichen und geistlichen Großen. Mitgerissen nahm Ludwig das Kreuz. Damit stellte er aber seinen beabsichtigten Heerzug in den Dienst der Kirche. Sein Ziel hieß nun Jerusalem, nicht mehr Antiochien.

Welche Motive Eleonore bewegten, sich der Kreuzfahrt anzuschließen, ist nicht überliefert. Der englische Chronist Wilhelm von Newburgh schrieb fünfzig Jahre später, der König habe seiner jugendlichen Gemahlin aus Eifersucht befohlen, ihm auf den Kreuzzug zu folgen. Weil auch andere adlige Damen ihrem Beispiel gefolgt seien, wären wegen der vielen Kammerzofen und Mägde Sitte und Ordnung im Heer in Gefahr geraten. In der Literatur findet sich einhellig die Meinung, sie habe voll Abenteuerlust die Aussicht auf ein wenig Abwechslung begrüßt und sich gefreut, in Antiochien ihren Onkel Raimund wiederzusehen.

Zwei Gründe konnten eine adlige Frau bewegen, ihrem Gatten ins Heilige Land zu folgen: einerseits der Wunsch, eine Pilgerreise zum Heiligen Grab anzutreten, andererseits die Absicht, für immer in Übersee, in *Outremer,* wie die Franzosen sagten, zu bleiben. Beide Motive scheinen für Eleonore nicht ausschlaggebend gewesen zu sein. Auch nach den Ereignissen in Vézelay hieß ihr Ziel Antiochien, nicht Jerusalem. Dies erklärt auch, wieso sich so viele aquitanische Adlige dem Kreuzzug anschlossen und so bereitwillig Gelder zu seiner Finanzierung zur Verfügung stellten. Beauftragte doch Ludwig VII. Gottfried von Rancon, in Aquitanien 30 000 Schilling für die Rückzahlung von Anleihen an die Templer einzutreiben. Wahrscheinlich stand auch die Reise Ludwigs und Eleonores im Sommer des Jahres 1146 nach Poitiers und Saintes, auf der sie zahlreichen Klöstern und Stiften Privilegien, Besitzungen und Schenkungen bestätigten oder die Abstellung von Mißbräuchen königlicher Beamter versprachen, im Zeichen der Kreuzzugsvorbereitungen.

Dass der Kreuzzug ursprünglich zur Wahrung der Interessen Raimunds von Antiochien geplant war, zeigte sich auch, als die Entscheidung über die Frage anstand, ob man das Heilige Land auf dem Landweg über Byzanz oder auf dem Seeweg über Sizilien erreichen wollte. Lehnte doch Ludwig VII. das Angebot Rogers II., sizilianische Schiffe für den Transport seines Heeres zur Verfügung zu stellen, wahrscheinlich nur deshalb ab, weil der normannische Fürst wegen seiner eigenen Erbansprüche auf Antiochien mit Raimund verfeindet war.

An Pfingsten 1147 traf Papst Eugen III. in Saint-Denis ein. Eleonore war ebenso wie die Königinmutter Adelheid anwesend, als er Ludwig feierlich den Pilgerstab überreichte. Zum Zeichen des heiligen Feldzugs gegen die Heiden ergriff der König die *Oriflamme,* das Banner Karls des Großen, bevor er sich mit den Mönchen von Saint-Denis zum Gebet zurückzog.

In der Woche vom 8. bis 15. Juni 1147 sammelte sich das Heer in Metz und erreichte Mitte Juli auf dem Landweg Ungarn. In Byzanz wurden Ludwig und Eleonore von Kaiser Manuel Komnenos und seiner deutschen Gemahlin Bertha-Irene von Sulzbach sehr herzlich empfangen. Es folgten Einladungen zu Banketten und Festlichkeiten, denen Ludwig nur widerwillig Folge leistete, da er, wie es einem Pilger geziemte, lieber in Begleitung des Kaisers die heiligen Stätten – darunter die herrliche Hauptkirche der Stadt, die Hagia Sophia – besuchte. Der Friede wurde jedoch nicht nur durch zahlreiche Übergriffe der Pilger, die sich durch überhöhte Preise übervorteilt sahen, gestört. Vielmehr bildete sich eine antibyzantinische Gruppe im Heer heraus, zu deren Wortführer sich der offensichtlich über die Verhältnisse in Antiochien – Manuel Komnenos hatte kurz zuvor Fürst Raimund zum Lehnseid gezwungen – ausgezeichnet unterrichtete Bischof von Langres machte. Auch der Bruder des Königs, Graf Robert von Dreux, schloss sich dieser Gruppe an, die notfalls bereit war, Byzanz zu stürmen. Durch die spektakuläre Entführung einer Verwandten des Königs, die zu Eleonores Gefolge gehörte und einen Neffen des Kaisers heiraten sollte, verhinderte Graf Robert den Abschluss eines Bündnisvertrages, der den Interessen Antiochiens abträglich gewesen wäre. Die Eröffnung von Feindseligkeiten wurde nur mit dem Argument vermieden, in den vorbereitenden Gesprächen zwischen Ludwig VII. und Papst Eugen III. sei weder von Byzanz noch von Antiochien die Rede gewesen, sondern nur von einem Besuch am Grab Christi. Dabei wolle man die eigenen Sünden mit dem Blut der Heiden abwaschen. Wenige Monate später sollte Ludwig VII. in Antiochien diese Argumente erneut vorbringen.

Voller Misstrauen gegenüber den Byzantinern wählte man nicht die von Manuel Komnenos empfohlene Küstenstraße, sondern den Weg über Smyrna, Pergamon und Ephesos nach Laodikeia, wo man Anfang 1148 ankam. Die Stadt war von ihren Bewohnern unter Mitnahme aller Lebensmittelvorräte verlassen worden, sodass sich das Kreuzfahrerheer vor gravierende Versorgungsprobleme gestellt sah. Wenig Raum blieb da für Ritte, die Eleonore, wie die Fama berichtet, in einer goldenen Rüstung als Amazone verkleidet unternommen haben soll. Wahrscheinlich wurden sie und die anderen Damen in Sänften getragen, solange dies irgendwie möglich war. Der Weg zur Küste und der byzantinischen Hafenstadt Attalia (heute Antalya) führte über unwegsame Gebirge. Bereits nach 25 Meilen geriet das Heer am Berge Kadmos (heute Baba Dagh) in einen türkischen Hinterhalt. Trotz schwerer Verluste konnte durch die Tapferkeit des Königs und der Templer das Schlimmste abgewendet werden. Als man deshalb ungerechtfertigterweise den aquitanischen Adligen Gottfried von Rancon des Verrates beschuldigte, stellte sich Ludwig VII. hinter ihn und schickte ihn bald darauf, mit weitgehenden Vollmachten ausgestattet, nach Aquitanien zurück, um weitere finanzielle Mittel für den Kreuzzug zu sammeln. Über Eleonores Haltung schweigen die Quellen, jedenfalls hatte sie mehr Glück als vierzig Jahre zuvor die Markgräfin Ida von Cham-Vohburg, die in einer ähnlichen Situation entweder zu Tode getrampelt wurde oder für immer in einem türkischen Harem verschwand.

In Attalia angekommen, setzte das französische Königspaar in Gesellschaft zahlreicher Ritter und Adliger die Fahrt auf byzantinischen Schiffen fort. Am 19. März 1148 landeten sie unbeschadet in Saint-Siméon (dem antiken Seleukia Pieria, heutigen Samandag) dem Hafen von Antiochien, während von dem in Attalia zurückgelassenen Fußvolk und den unbewaffneten Pilgern nur etwa die Hälfte im Frühsommer die Stadt erreichte.

Nach den Entbehrungen und Anstrengungen der gefahrvollen Reise durch unwirtliche Gebiete muss Antiochien wie das gelobte Land auf Eleonore gewirkt haben. Die ehemals drittgrößte Stadt des römischen Reiches am Ufer des Orontes war, trotz häufiger Eroberungen – zuletzt durch die Kreuzfahrer am 3. Juni 1098 – eine reiche, blühende Handelsstadt mit Seidenwebereien, Teppichknüpfereien und Töpfereien. Das Leben in den Häusern, deren Wasserversorgung aus römischer Zeit noch intakt war, erwies sich als weitaus angenehmer als im christlichen Abendland.

Fürst Raimund, der jüngere Bruder ihres Vaters, war höchstens sieben Jahre älter als Eleonore. Wilhelm von Tyrus beschreibt ihn als „von schöner Gestalt, stark wie Herkules, ungestüm und von tadellosem Lebenswandel, aber auch dem Spiel zugetan und galant zu den Damen“. Zwar hatte er den aquitanischen Hof schon früh verlassen, doch mag sich Eleonore durchaus an ihn erinnert haben. Jedenfalls war er ihr nächster Verwandter väterlicherseits, und beide verbrachten viel Zeit miteinander in vertrauten Gesprächen.

Dies allein reichte bereits aus, damit ein gewisser Thierry Galeran den König davor warnte, länger in Antiochien zu bleiben, da „Schuld häufig unter dem Schleier der Verwandtschaft verborgen liege“. Selbst der relativ gut unterrichtete Johannes von Salisbury war sich nicht sicher, ob man den Gerüchten über ein angebliches Verhältnis beider Glauben schenken durfte. War doch Thierry Galeran – ein Eunuch, der bis zu seinem Eintritt in den Templerorden (1163) eine wichtige Rolle als Berater des Königs spielte – bekanntermaßen der Königin feindlich gesinnt, weil sie ihren Spott mit ihm getrieben hatte. Diese Gerüchte, einmal in die Welt gesetzt, wurden von späteren Geschichtsschreibern wie Wilhelm von Tyrus, Wilhelm von Newburgh und Gervasius von Canterbury aufgenommen und ausgeschmückt. Sie trugen Eleonore vor allem in der Nachwelt den Ruf einer leichtfertigen Frau ein, die es mit der Treue nicht so genau nahm. Fest steht jedoch nur, dass der eifersüchtige König in seinem Misstrauen bestärkt wurde.

Der eigentliche Grund der Auseinandersetzung zwischen den Ehegatten lag jedoch tiefer und war politischer Natur. Eleonore versuchte ihren Einfluss geltend zu machen, damit Ludwig, wie ursprünglich vorgesehen, Raimund die dringend benötigte militärische Unterstützung gewährte. Denn die Lage hatte sich nach dem Hoftag von Bourges (1145) weiterhin verschlechtert. Seit dem Tode Zengis (1146) lebte das Fürstentum Antiochien unter der ständigen Bedrohung seines Sohnes Nur ad-Din, dem Syrien mit Aleppo und Edessa als Erbe zugefallen war. 1147 hatte dieser systematisch alle Burgen östlich des Orontes erobert. Als noch immer keine Unterstützung aus Frankreich in Sicht war, war Raimund gezwungen gewesen, den byzantinischen Kaiser um Hilfe zu bitten und ihm den schon lange geforderten Lehnseid zu leisten. Um sich aus dieser Abhängigkeit zu lösen, hoffte er nun auf den Beistand Ludwigs VII. und versuchte, ihn zum sofortigen Angriff auf Aleppo zu bewegen.

Ludwig aber berief sich darauf, sich einzig zu einer bewaffneten Pilgerfahrt nach Jerusalem verpflichtet zu haben. Als Eleonore drohte, notfalls allein in Antiochien zu bleiben, zwang er sie gegen ihren Willen, ihm nach Jerusalem zu folgen. Wollte sie mit ihrem Bleiben Ludwig dazu bewegen, nach dem Besuch des Heiligen Grabes nach Antiochien zurückzukehren, um Raimund die versprochene Hilfe zu leisten?

War es die Eifersucht des Königs, wie so oft dargestellt, oder einfach die Tatsache, dass der Kreuzzug in den Wochen zwischen Bourges und Vézelay andere Vorzeichen angenommen hatte? Handelte es sich doch nun nicht länger um ein mehr oder weniger privates Unterfangen zur Unterstützung eines bestimmten Fürstentums, wie es deren viele im Laufe der vergangenen fünfzig Jahre gegeben hatte, sondern um einen vom Papst durch seine Legaten geleiteten Kreuzzug, dessen vornehmste Aufgabe der Schutz des Königreichs Jerusalem und der heiligen Stätten war. Zu spät muss sich Eleonore dieser veränderten Ausgangslage bewusst geworden sein. Ludwig konnte – oder wollte – sein Versprechen nicht einhalten, gegebenenfalls nach Antiochien zurückzukehren. Die französischen Kreuzfahrer entschlossen sich, nicht gegen Aleppo sondern gegen Damaskus zu ziehen, was sich als verhängnisvoller Irrtum erweisen sollte.

Nur zu bald zeigte sich, wie wahr Raimunds Befürchtungen gewesen waren. In seiner Not suchte er gar ein Bündnis mit den Assassinen, jener ismaelitischen Sekte, die wie er die Entstehung eines fundamentalistischen islamischen Reiches mit Misstrauen beobachtete. Nur ein Jahr später, am 28. Juni 1149, wurde Raimund bei dem Versuch, eine seiner Burgen zu besetzen, von Nur ad-Din in einen Hinterhalt gelockt. Sein Kopf wurde in einem silbernen Gefäß dem Kalifen von Bagdad übersandt. Vom christlichen Fürstentum Antiochien blieb außer der Stadt selbst nur wenig mehr übrig als ein schmaler Küstenstreifen. Als Abt Suger von Saint-Denis auf die Nachricht vom Tod Raimunds hin mit Unterstützung Ludwigs VII. einen erneuten Kreuzzug ausrüsten wollte, war es zu spät. Weder in Frankreich noch in Aquitanien fand ein solcher Plan Widerhall.

Eleonore hatte eine solche Entwicklung vermeiden wollen. Ihr Verhältnis zu ihrem Ehemann blieb von da an gestört. Aus ihrer Sicht war er seinen Verpflichtungen ihrem Haus gegenüber nicht nachgekommen. Johannes von Salisbury schreibt, sie habe von Raimund gehört, ihre Ehe mit Ludwig sei ungültig, da sie in verbotenem Grade miteinander verwandt seien. Dies kann nicht neu für sie gewesen sein, da Bernhard von Clairvaux anlässlich der Heirat ihrer Schwester mit Raoul von Vermandois bereits darauf angespielt hatte. Aber nach den Ereignissen in Antiochien war sie offensichtlich bereit, eine Trennung in Betracht zu ziehen. Ludwig dagegen verbrachte nach der Niederlage vor Damaskus seine Zeit mit Pilgerreisen zu allen bekannten heiligen Stätten im Königreich Jerusalem. Ob ihn Eleonore dabei begleitete, ist nicht bekannt, aber wahrscheinlich. Als sich die französischen Kreuzfahrer im Frühsommer 1149 endlich zur Rückreise entschlossen, traten sie diese bezeichnenderweise auf Schiffen an, die König Roger II. von Sizilien zur Verfügung stellte.

Das Schiff der Königin wurde auf der Höhe von Korfu von der byzantinischen Flotte aufgebracht. Manuel Komnenos versuchte noch einmal, Ludwig VII. zu einem Bündnis zu überreden. Schickte er nach einem Scheitern der Gespräche Eleonore zu ihrem Gatten zurück oder wurde sie durch sizilianische Schiffe befreit? Die Quellen sind widersprüchlich. Jedenfalls traf sie Mitte August 1149, drei Wochen nach Ludwig, krank in Palermo ein. Als sie sich wieder erholt hatte, wurde sie zusammen mit Ludwig sehr herzlich von Roger II. empfangen und bis nach Ceprano, an die Grenze zum Kirchenstaat, geleitet.

Von dort ging es über das berühmte Benediktinerkloster Montecassino (4. Oktober 1149) nach Tusculum. Offensichtlich waren beide Gatten bestrebt, von Eugen III. eine Aufhebung ihrer Ehe zu erreichen. In seiner über ein Jahrzehnt später geschriebenen *Historia pontificalis* betonte Johannes von Salisbury, dass der Papst alles getan habe, um die Ehegatten auszusöhnen. Er habe sie gemeinsam in einem mit seinen schönsten Tüchern bedeckten Bett schlafen lassen und ihnen unter Androhung des Anathems verboten, je an eine Trennung wegen zu naher Verwandtschaft zu denken.

Angesichts dieser Darstellung fragt man sich allerdings, warum Eugen III. dann anlässlich der eigentlichen Scheidung nicht reagierte. War es nicht vielmehr so, dass dieser mit einem ehelichen Beilager verbundene Versöhnungsversuch nach kanonischem Recht der Einleitung einer Scheidung vorausgehen musste, wie dies später bei Maria von Montpellier und Peter von Aragón oder Eudoxia von Byzanz und Wilhelm von Montpellier der Fall sein sollte? Wie bei Maria von Montpellier verhinderte nun auch bei Eleonore zunächst eine Schwangerschaft die Einleitung weiterer Schritte. Im Sommer des folgenden Jahres kam ihre zweite Tochter Alice zur Welt.

Dennoch war die Entfremdung der Gatten, „die in Antiochien begann" (Johannes von Salisbury), zumindest aus der Sicht Eleonores irreparabel, während Ludwig sie nach Aussage der Quellen immer noch leidenschaftlich liebte und von Eifersucht verzehrt wurde. Aber die Ereignisse des Kreuzzugs waren auch an ihm nicht spurlos vorübergegangen. Odo von Deuil, der das Heer in den Orient begleitet hatte und Ludwig vor allem die Herrschertugenden der Frömmigkeit und Gottesfurcht zuschrieb, betonte, dass Gott „zum Alpha und Omega" all seiner Taten geworden sei. Eleonore ihrerseits soll geklagt haben, er sei weniger ein Mann als ein

Mönch. Dies allein stellte jedoch keinen Scheidungsgrund dar, und so sollte es noch weitere zweieinhalb Jahre dauern, bevor die Ehe getrennt wurde.

Allgemein geht man davon aus, dass dies erst nach dem Tod (Jan. 1151) von Abt Suger von Saint-Denis möglich wurde, der sich immer für einen Fortbestand der Ehe eingesetzt hatte, und dass Ludwig dafür bereit war, den Verlust Aquitaniens in Kauf zu nehmen. Berichtet doch die freilich erst aus dem 13. Jahrhundert stammende, aber gewöhnlich gut unterrichtete Chronik von Tours, er habe vorbereitend seine Befestigungen in Aquitanien aufgelöst und einen Teil seiner Leute abgezogen, um das Herzogtum seiner Gattin zurückzugeben.

Aber lag dies wirklich in seiner Absicht? Hatte er nicht vielmehr seit spätestens 1149 alles versucht, um seinen Einfluss in Aquitanien verstärkt geltend zu machen, um es als Bastion gegen die expansiven Bestrebungen des Hauses Anjou-Plantagenet zu nutzen? Und war nicht Abt Suger seinerseits immer bestrebt gewesen, den Frieden aufrecht zu erhalten?

Noch vom Heiligen Land aus – ob vor oder nach den Ereignissen in Antiochien, entzieht sich leider unserer Kenntnis – hatte Ludwig Gottfried von Rancon mit dem Auftrag zurückgeschickt, alle Burgen und Befestigungen Aquitaniens in den Verteidigungszustand zu versetzen. Außerdem hatte er Gerald Berlai, einen rebellischen Lehnsmann des Grafen von Anjou, zum Seneschall des Poitou ernannt. Nach seiner Rückkehr vom Kreuzzug schickte er mit Thierry Galeran einen erklärten Gegner Eleonores zur Einberufung einer Versammlung weltlicher und geistlicher Würdenträger nach Aquitanien, die jedoch wegen einer Absage des Erzbischofs von Bordeaux und seiner Suffragane nicht zustande kam. Offensichtlich war nicht nur Eleonore vom Ergebnis des Kreuzzugs enttäuscht.

Inzwischen hatte sich auch das Verhältnis Ludwigs zu Gottfried von Anjou weiter verschlechtert. Dieser belagerte seit 1149 die Burg des abtrünnigen Gerald Berlai, um sie schließlich im Juni 1151 zu erobern und dem Erdboden gleichzumachen. Außerdem hatte er Anfang 1150 das Herzogtum Normandie an seinen ältesten Sohn

Heinrich übertragen, ohne bei Ludwig VII. um dessen Belehnung nachzusuchen. Nach dem Tod von Abt Suger, der immer zum Frieden gemahnt hatte, kam es zu kriegerischen Auseinandersetzungen, die schließlich im August 1151 bei Friedensverhandlungen in Paris beigelegt wurden. Ludwig belehnte nun Heinrich Plantagenet feierlich mit der Normandie, erreichte aber erst nach zähen Verhandlungen die Freilassung des Gerald Berlai. Hatte er in diesem Zusammenhang versprechen müssen, seine Befestigungen in Aquitanien abzubauen?

Jedenfalls kam es anlässlich des Pariser Friedensschlusses zur ersten Begegnung zwischen Eleonore und Heinrich von Anjou, der binnen Jahresfrist ihr Gatte sein sollte. Wenn auch die Berichte des Wilhelm von Newburgh und Gerald von Wales über ehebrecherische Beziehungen Eleonores, sei es zu Gottfried von Anjou, sei es zu Heinrich selbst, nur eine böswillige Verleumdung darstellen, so ist es doch durchaus möglich, dass die Frage der Scheidung des Königspaars und deren mögliche Konsequenzen erörtert wurden.

Als Gottfried „der Schöne“ von Anjou, gerade 39 Jahre alt, nur zwei Wochen später überraschend starb, machte sich Ludwig mit Eleonore zu einer letzten gemeinsamen Reise durch Aquitanien auf. Es ist unwahrscheinlich, dass diese Fahrt primär dazu diente, Ludwigs „Leute aus Aquitanien zurückzuziehen“ und „seine Befestigungen zu beseitigen“. Der Aufenthalt unterschied sich nur durch seine ungewöhnliche Länge von früheren Besuchen des Herzogspaares. Den Höhepunkt bildete der zu Weihnachten in Limoges abgehaltene Hoftag. Außer dem französischen Gefolge des Königs, dem erneut Thierry Galeran angehörte, fanden sich nicht nur aquitanische Anhänger des Kapetingers wie die Herren von Mauléon und Lusignan sowie Gottfried von Rancon ein, sondern auch Freunde und Verwandte der Königin wie der Graf von Angoulême und die Vizegrafen von Châtellerault. Lichtmess feierten Ludwig und Eleonore in Saint-Jean d'Angély. Bei einem der beiden dort vor dem Königsgericht entschiedenen Streitfälle versprach der König, die Besitzungen der Abtei La Trinité in Poitiers vor Übergriffen seiner Prévôts zu schützen. Dies macht deutlich, dass er zu diesem Zeitpunkt noch keineswegs die Absicht hatte, seine Beamten aus Aquitanien zurückzuziehen! Und auch die Tatsache, dass er noch bis 1154 den Titel eines Herzogs von Aquitanien führte und das Herzogtum als Erbe seiner beiden Töchter beanspruchte, spricht gegen solche Maßnahmen.

Nur sechs Wochen nach der Rückkehr aus Aquitanien erklärten am 21. März 1152 auf einer Synode in Beaugency bei Orléans die Erzbischöfe von Sens, Reims, Rouen und Bordeaux die Ehe zwischen der aquitanischen Herzogin und dem französischen König für ungültig, weil beide in verbotenem Grad miteinander verwandt waren. Diese Form der Scheidung war die einzige, die beiden eine Wiederverheiratung ermöglichte. Weder der Vorwurf des Ehebruchs oder der Impotenz noch das Argument, die Ehe wäre unter falschen Voraussetzungen geschlossen worden, konnten dies bewirken. Ebensowenig wie es möglich war, die Tatsache anzuführen, dass Eleonore in fünfzehn Ehejahren nur zwei Töchtern das Leben geschenkt hatte, obwohl dieser Aspekt für Ludwig sicher entscheidend war.

Da es im Adel – wie der Fall des Raoul von Vermandois zeigt – üblich war, Scheidungen von mehreren Bischöfen vornehmen zu lassen, hatten sich auch Ludwig und Eleonore an eine Bischofsversammlung gewandt, vor der einige Verwandte beeideten, dass sie in verbotenem Grade miteinander verwandt seien. Hatten sie doch in den Herzögen Wilhelm III. von Aquitanien (932–963) und Robert I. von der Normandie († 1035) gemeinsame Ahnherrn, wie auch beiderseits Verwandtschaftsbeziehungen zu den Häusern von Burgund und Toulouse bestanden.

Die Frage nach den Gründen für die Scheidung wurde in der Forschung heftig diskutiert. Verteidigten die einen die Meinung, Ludwig VII. habe es mit seinem Gewissen nicht vereinbaren können, mit seiner Gattin in unerlaubtem Grad verwandt zu sein, so sahen die anderen den Grund vor allem im leichtfertigen Verhalten der Königin während des Aufenthalts in Antiochien. Die Aussage der Annalen von Cambrai, Ludwig habe auf die Einflüsterungen falscher Berater gehört, entbehrt dagegen nicht eines Körnchens

Wahrheit. Während die alten Vertrauten des Königs, Suger von Saint-Denis († 13. Jan. 1151) und Theobald von der Champagne († 10. Jan. 1152), die 1137 als Ehevermittler gewirkt hatten, von der politischen Bühne abgetreten waren, erschien seit 1150 Thierry Galeran, der schon in Antiochien eine so verhängnisvolle Rolle gespielt hatte, in zahlreichen Urkunden Ludwigs VII. als sein Berater.

Aber auch Eleonore selbst scheint, wie schon Wilhelm von Newburgh, wenn auch viele Jahre später, betonte, die Scheidung gewünscht zu haben. Was auch immer Raimund von Antiochien ihr über das Zustandekommen ihrer Ehe mit Ludwig VII. mitgeteilt haben mag, muss sie davon überzeugt haben, die Ehe unter falschen Voraussetzungen eingegangen zu sein. Zwar musste sie dem Versöhnungsversuch des Papstes zustimmen, doch wurde ihr in den folgenden Jahren der Satz des Rechtsgelehrten Gratian: „Die Frau hat keine Macht, sondern ist in allem dem Manne untertan“, voll bewusst. Auf der Reise, die sie mit Ludwig durch Aquitanien führte, nahm sie erstmals wieder Kontakte zu ihrer Familie mütterlicherseits auf. Die Vizegrafen von Châtellerault und besonders ihr Onkel, Raoul de Faye, hatten bei den folgenden Ereignissen ein entscheidendes Wort mitzusprechen.

Was die Folgen der Scheidung betraf, so interpretierten schon die Zeitgenossen deren unmittelbare Konsequenz, den Verlust Aquitaniens und damit ganz Westfrankreichs, als einen groben Fehler, bis schließlich M.-B. Bruguière so weit ging, darin eine glückliche Fügung, wenn nicht die einzige richtige Entscheidung zu sehen, da nur so 1180 ein legitimer Erbe zur Verfügung stand, um den Fortbestand des Reiches zu sichern.

Ludwig hatte offensichtlich geglaubt, seine Gattin würde sich auf ihre Besitzungen in Aquitanien zurückziehen, um dort aus eigenem Recht als Herzogin zu regieren. Möglicherweise hatte er auch daran gedacht, eine seiner Töchter baldmöglichst zu verheiraten und deren Gatten als Herzog von Aquitanien einzusetzen – eine durchaus denkbare Lösung, wie ähnliche Vorkommnisse in Antiochien zeigten. Eleonore hingegen sah die Dinge anders. Wahrscheinlich hatte sie schon im August 1151 in Paris ihre Entscheidung getroffen.

Bereits auf dem Weg von Beaugency nach Aquitanien präsentierten sich ihr zwei Heiratskandidaten: Graf Theobald von Blois und Chartres, ein Sohnes des eben verstorbenen gleichnamigen Grafen von der Champagne, der später ihre Tochter Alice heiraten sollte, und Gottfried von Anjou, der jüngere Bruder Heinrichs, der keinen Anteil am Erbe seines Vaters erhalten hatte und so versuchte, sein Glück zu machen. Vorgewarnt gelang es ihr, den Nachstellungen beider zu entkommen. Wenige Tage darauf traf sie sicher in Poitiers ein. Sie sammelte nun einen Hof um sich, ernannte den getreuen Saldebreuil zu ihrem Konnetabel und Magister Bernhard zu ihrem Kanzler. Auch Maingot von Melle, der bereits 1131 am Hof ihres Vaters bezeugt ist und das Kreuzfahrerheer in den Orient begleitete, fand sich nun bei ihr ein, ebenso wie ihre Verwandten, Vizegraf Hugo II. von Châtellerault und Raoul de Faye, sowie Angehörige kleinerer poitevinischer Adelsgeschlechter wie der Chabot und Rochefort.

Es ist müßig zu fragen, ob Eleonore Heinrich von Anjou ihre Hand angetragen habe oder ob dieser um sie anhielt. Selbst die Zeitgenossen waren sich nicht im klaren darüber, und der normannische Chronist Robert von Torigny spricht davon, man wisse nicht, ob es sich um einen plötzlichen oder einen vorgeplanten Entschluss des Grafen gehandelt habe. Als Heinrich am 6. April in Lisieux beschloss, der dringenden Aufforderung seiner Anhänger in England zu folgen und dorthin überzusetzen, hatte ihn die Nachricht vom Vollzug der Scheidung noch nicht erreicht. Sobald er davon erfuhr, schob er seine Abreise auf und eilte nach Aquitanien. Dort übergaben ihm am 18. Mai 1152 die Brüder ihrer Mutter als nächste Schwertmagen die Braut. Die Trauung vollzog Bischof Gilbert de la Porrée in der Kathedrale Saint-Pierre in Poitiers. Mit diesem Entschluss machte Eleonore alle seit 1149 von Ludwig VII. verfolgten Pläne zunichte und nahm mit dem Grafen von Anjou jenen Adligen Westfrankreichs zum Gatten, der als einziger ihr Erbe gegen alle Ansprüche des französischen Königs schützen konnte.

Inwieweit persönliche Motive eine Rolle spielten und ob die nun als dreißigjährige Frau in voller Blüte stehende Eleonore sich in den 18jährigen Jüngling verliebt hatte, kann wohl nur in Form von Roman und Legende nachempfunden werden. Tatsache ist, dass sie nicht die erste aquitanische Fürstin war, die das Bündnis mit dem Grafenhaus von Anjou zur Sicherung ihrer persönlichen Machtstellung suchte. Bereits im 11. Jahrhundert hatte die verwitwete Gattin Wilhelms V. von Aquitanien den um viele Jahre jüngeren Sohn des Grafen von Anjou, Gottfried Martell, geheiratet und mit seiner Unterstützung während der Minderjährigkeit ihrer Söhne lange Jahre als Regentin in Aquitanien geherrscht. Ein Zusammengehen der Herzogin von Aquitanien mit dem Grafen von Anjou war der logische Zug, der sich nach der Scheidung von dem Kapetinger auf dem politischen Schachbrett der französischen Politik anbot. Und auch der nächste Zug war damit vorprogrammiert: das Zusammenspiel des Kapetingers mit dem Haus Blois-Champagne.

Denn Ludwig, der die Rechtmäßigkeit dieser neuen Ehe Eleonores nicht anerkannte und um die Erbansprüche seiner Töchter bangte, verlobte noch im folgenden Jahr die ältere, Maria, mit Heinrich I. von der Champagne. Dieser konnte allerdings seine Ansprüche auf Aquitanien nie realisieren, da Eleonore schon im August 1153 Heinrich von Anjou ihren ersten Sohn schenkte, den sie in der Tradition der Herzöge von Aquitanien auf den Namen Wilhelm taufen ließ.

Bereits in einer Urkunde für die Abtei Fontevrault aus dem Jahre 1152 hatte Eleonore in der Datierungszeile deutlich zwischen ihrem Gatten Heinrich unterschieden, der nun die Poiteviner und Angeviner beherrschte, und Ludwig, der die Franzosen regierte. Heinrich selbst nahm nach der Geburt seines Sohnes Wilhelm im August 1153 den Titel eines Herzogs von Aquitanien an, einen Zustand, den Ludwig VII. erst 1154 durch seinen endgültigen Verzicht anerkannte.

Der Kreuzzug bildete einen entscheidenden Einschnitt in der Beziehung zwischen Ludwig und Eleonore. Während die Königin vor allem auf eine Wahrung ihrer Familieninteressen durch die Unterstützung Fürst Raimunds von Antiochien bedacht war, verkehrte Ludwig unter dem Einfluss Bernhards von Clairvaux und Papst Eugens III. die ursprünglich als Heerzug gedachte Fahrt ins Heilige Land in einen frommen Kreuzzug. Als Eleonore diese Umkehrung, die sie als Verrat an ihrem Haus empfand, nicht mit vollzog, kam es zu Spannungen, auch persönlicher Natur, die in Antiochien ihren Höhepunkt erreichten. Ihr erster Versuch, aktiv in die Politik einzugreifen, scheiterte. In diesem Scheitern lagen aber auch die Gründe für die Scheidung und die Anfänge einer selbständigen Politik Eleonores.

Unter den nachfolgenden Königinnen Frankreichs sollten nur Adele von der Champagne und Blanche von Kastilien größeren politischen Einfluss gewinnen, besonders unter der Regierung ihrer Söhne. Als Eleonore 1152 Heinrich von Anjou heiratete, wählte sie jenen Kandidaten, der bereits in den Jahren zuvor dem Kapetinger erfolgreich die Stirn geboten hatte. Nur dadurch bot sich ihr die Möglichkeit, die französische Herrschaft in Aquitanien abzulösen. Es war ein dynastischer Glücksfall, dass sie schon zwei Jahre später zusammen mit ihrem zweiten Gatten erneut zur Königin gekrönt werden sollte.

Königin von England (1154–1189)

Robert von Torigny berichtet, dass sich am Nachthimmel ein seltsames Gebilde in Gestalt eines riesigen Drachen zeigte, der von Westen nach Osten zog, als der französische König, erzürnt über die übereilte Hochzeit Eleonores, gegen Heinrich von Anjou zog, um ihm die Herzogtümer Aquitanien und Normandie wie auch die Grafschaft Anjou abzunehmen. Und klug und gefährlich wie ein Drache, mächtig und tatkräftig, sollte sich auch der junge Fürst erweisen, der, obwohl er erst 19 Jahre alt war, doch schon so viele Erfahrungen im Krieg zwischen seiner Mutter Mathilde und seinem Onkel Stephan von Blois gesammelt hatte, dass er die Mechanismen der Macht geschickt zu seinen Gunsten zu handhaben verstand.

Heinrich Plantagenet war am 4. März 1133 als erster Sohn aus der Verbindung zwischen Graf Gottfried dem Schönen von Anjou und Mathilde, der Tochter König Heinrichs I. von England, hervorgegangen. Mathilde, die kinderlose Witwe des Salierkaisers Heinrich V., war 23jährig nach England zurückgekehrt, nur um zwei Jahre später mit dem zehn Jahre jüngeren Gottfried von Anjou verlobt zu werden, eine Verbindung, zu der sie nur sehr widerstrebend ihre Einwilligung gab. Der Vater des Bräutigams, Fulko von Anjou, schiffte sich unmittelbar danach ins Heilige Land ein, um die Erbtochter des Königreichs Jerusalem zu heiraten und dort mit ihr zusammen zu herrschen.

Die Grafschaft Anjou fiel damit an Gottfried und Mathilde. Aber beider Unstimmigkeiten waren so groß, dass sich Mathilde erst drei

Jahre später, nachdem ihr der gesamte englische Adel als Nachfolgerin Heinrichs I. auf einer Reichsversammlung in Northampton gehuldigt hatte, dem Beschluss beugte, zu ihrem Gatten zurückzukehren. In kurzen Abständen gebar sie ihm drei Knaben: Heinrich, Gottfried, dessen Geburt ihr fast das Leben gekostet hätte, und Wilhelm. Als Mathildes Vater am 1. Dezember 1135 in der Normandie starb, und sie und ihr Gatte vor allem an die Sicherung ihrer Machtstellung auf dem Kontinent dachten, gelang es ihrem Vetter Stephan von Blois, nach England überzusetzen, Bürger und Adel auf seine Seite zu ziehen und die englische Königskrone für sich zu gewinnen. Was folgte, war ein Bürgerkrieg, der sich fast zwanzig Jahre lang mit wechselnden Glücksfällen hinzog. Denn Mathilde dachte gar nicht daran, auf ihre Thronansprüche zu verzichten und zu vergessen, dass ihr der Adel auf zwei Versammlungen die Treue geschworen hatte. Obwohl Papst Innozenz II. sich entgegen ihren Bitten nicht für ihre Rechte einsetzte, sollte es ihr mit Unterstützung ihrer Halbbrüder, der Grafen Robert von Gloucester und Reginald von Dunstanville, gelingen, in England Fuß zu fassen. Erst nachdem Mathildes Königskrönung, trotz der Gefangennahme Stephans in der Schlacht von Lincoln, am Widerstand der Londoner Bürger gescheitert war, entschloss sich Robert von Gloucester 1142, dem Kampf um das Erbe Heinrichs I. mit ihrem ältesten Sohn, Heinrich Plantagenet, eine neue Galionsfigur zu geben.

Der Knabe verbrachte die nächsten beiden Jahre am Hof seines Onkels in Bristol, wo er solide Kenntnisse der lateinischen Sprache und Literatur erwarb. 1149 wurde er von seinem Großonkel mütterlicherseits, König David von Schottland, in Carlisle zum Ritter geschlagen. Nachdem es ihm gelungen war, den Südwesten Englands in seine Hand zu bringen und die Verbindung zur Normandie über die dortigen Häfen zu sichern, übertrug ihm sein Vater Anfang 1150 feierlich das Herzogtum Normandie als „Erbe seiner Mutter“ (Robert von Torigny). 1151 leistete er dafür Ludwig VII. in Paris den Lehnseid.

Der frühe Tod seines Vaters (7. Sept. 1151) sowie die Heirat mit Eleonore verhinderten zunächst die bereits beschlossene Überfahrt nach England. Erst nachdem er aus den kriegerischen Auseinandersetzungen mit dem französischen König und seinem eigenen Bruder Gottfried, der seinen Anteil am väterlichen Erbe forderte, siegreich hervorgegangen war, konnte er im Januar 1153 nach England übersetzen. Eleonore, die mit ihrem ersten Kind schwanger war, blieb in der Normandie zurück.

Nach ersten militärischen Erfolgen, dem Übertritt eines Teils des Adels sowie dem überraschenden Tod von Stephans Sohn Eustachius erkannte der englische König das Erbrecht Heinrichs auf den englischen Thron im November 1153 vor einer Reichsversammlung in Winchester an. An Weihnachten nahm er ihn im Vertrag von Westminster zum Sohn und Nachfolger an. Stephans zweiter Sohn Wilhelm, der die Grafschaft Boulogne von seiner Mutter Mathilde geerbt hatte, wurde damit von der Erbfolge in England ausgeschlossen. Die Zustimmung Eleonores zu diesem Vertrag, der ihr Leben so entscheidend verändern sollte, wird ausdrücklich erwähnt. Niemand konnte zu diesem Zeitpunkt ahnen, dass Stephan bereits im folgenden Jahr, am 25. Oktober 1154, sterben würde. Schon am 7. Dezember wagte Heinrich mit seiner hochschwangeren Gattin von Barfleur aus die Überfahrt über den stürmischen Kanal, am 19. Dezember wurde er von Erzbischof Theobald von Canterbury zum König gesalbt und zusammen mit Eleonore in der Abtei von Westminster gekrönt. Nur sechs Wochen später schenkte sie erneut einem Knaben das Leben, der nach seinem Vater und Urgroßvater auf den Namen Heinrich getauft wurde.

Eleonore war nun Königin von England, Herzogin von Aquitanien und der Normandie sowie Gräfin von Anjou, wie sie sich in ihren Urkunden nannte. War sie damit auch zur *„consors regni"* Heinrichs II. geworden oder, wie der für die Königin bestimmte Krönungsordo in England besagte, „zur Teilhaberin an der königlichen Herrschaft"? Konnte sie Einfluss auf seine Politik nehmen? Oder sogar eine eigenständige Politik zumindest in Aquitanien verfolgen? Welche Funktionen kamen ihr zu, über welche Mittel verfügte sie? Unterschied sich ihre Stellung im angevinischen Reich von ihrer Stellung als Königin von Frankreich?

Seit Wilhelm dem Eroberer war es üblich, dass die Königinnen geweiht und gekrönt wurden, und zwar nach einem eigens dafür verfassten Ordo. Durch diese besondere Feier wurde die Stellung der Königin aufgewertet. Sie besaß ihren eigenen Haushalt, ihre eigenen Beamten, eigene Einnahmen sowie eigenen Besitz und übte im Falle der Abwesenheit des Königs die Regentschaft aus. Von Margarete von Schottland, der Gattin Heimichs I., ist bekannt, dass sie einen Kreis gelehrter Kleriker um sich versammelte. Mathilde von Boulogne, die Gattin Stephans von Blois, war während des langen Bürgerkriegs seine wichtigste Stütze im Kampf um die Macht.

Bald nach ihrer Krönung wies Heinrich Eleonore auch in England Besitzungen und Güter als Morgengabe zu, u. a. Exeter, Waltham in Essex, Berkhamstead sowie Ländereien in Berkshire, Hertfordshire und Hampshire, deren Erträge zunächst für die Ausstattung ihres Haushalts bestimmt waren. Hinzu kam das sog. *„aurum regine“*, das Gold der Königin, Einnahmen aus dem Schatzamt, die ihr persönlich zuflossen. Von jeweils hundert Silbermark, die dem König beim Eintreten des Mannfalls, bei freiwilligen Zahlungen oder bei Abgaben der Juden zustanden, war eine Goldmark an die Königin abzuführen. Einer ihrer Schreiber war bei der Zustellung der Geldforderungen anwesend, ein anderer nahm die Gelder für sie beim Schatzamt entgegen. Diese Einkünfte sollten ihr als Teil ihres Wittums bis zu ihrem Tod zustehen.

Nach ihrer zweiten Heirat, gewiß aber nach ihrer Erhebung zur Königin von England, führte sie einen eigenen Haushalt. Dazu gehörte bereits seit 1152 ein Magister Matthäus, der bis etwa 1163 als ihr Kanzler fungierte, ebenso wie gleichzeitig ein gewisser Jordan, der bis 1190 belegt ist. Zwei Schreiber und Kleriker aus dem Haushalt des Grafen von Gloucester, Adam von Ely (von 1154 bis 1164) und Elias de Tune (nach 1165), standen in ihren Diensten. Letzterer lieferte ihr auf Befehl des Grafen nach 1166 jedes Jahr drei Elfenbeinwürfel als Zins für Ländereien ab, die er von diesem zu Lehen hatte. Verantwortlich für die Versorgung des Haushalts war der Truchsess oder Butler. Als solcher nahm in den Jahren von 1155 bis 1158 Ralph von Hastings die Eleonore zustehenden Zahlungen aus der königlichen Kasse entgegen, später übernahmen ein gewisser Ingelram und nach 1189 Heinrich von Berneval diese Aufgabe. Teilweise waren auch königliche Kämmerer wie Heinrich fitz Gerald (nach 1159) und Ralph fitz Stephen mit der Haushaltsführung der Königin betraut. Von den meisten dieser vertrauten Diener Eleonores sind nur wenig mehr als die Namen bekannt. Einzig das traurige Schicksal ihres Mundschenks Philipp fitz Vital ist überliefert, der gehenkt wurde, weil ihn der Sohn einer verheirateten Frau, in die er sich verliebt hatte, fälschlich des Verrats beschuldigte. In Aquitanien hatte Eleonore einen eigenen Konnetabel, und nach 1189 übte Gottfried von Wanchy in England dieses Amt aus. Des Weiteren gehörten Geistliche wie ein Kapellan, der für die Lesung der Messen zuständig war, und ein Almosenier, der ihre Gaben an die Armen verteilte, ihrem Haushalt ebenso an wie Knechte und Mägde, und – solange sich die Kinder bei ihr befanden – Ammen und Erzieher.

Eine der wichtigsten Aufgaben der mittelalterlichen Königin bestand in ihrer Fürsorge für Kirchen und Bedürftige. Um 1158 gründete Eleonore ein Hospiz in Surrey, das von ihr mit jährlichen Zuwendungen unterstützt wurde. Kein Interesse zeigte sie für die Förderung monastischer Reformbewegungen in England. Wenn sie geistliche Institute begünstigte, dann in ihrem heimischen Aquitanien. Aber selbst zugunsten von Fontevrault sind vor 1173 nur drei Schenkungen bekannt, größere Zuwendungen erfolgen erst nach 1185 mit Zustimmung Heinrichs II. und Richards.

In der ersten Phase ihrer Ehe mit Heinrich Plantagenet, deren Ende mit dem von Eleonore unterstützten Aufstand seiner Söhne zusammenfiel, fungierte die Königin wiederholt als Vertreterin der Interessen ihres Gatten in England selbst, in der Normandie und der Grafschaft Anjou sowie in ihrem eigenen Herzogtum. Dabei stellten die Jahre 1166 mit der Geburt des letzten Kindes, Johann, und 1167 mit dem Tod ihrer Schwiegermutter, der Kaiserin Mathilde, einen entscheidenden Einschnitt dar, da von da an Anzeichen für eine wachsende Entfremdung zwischen beiden Gatten zu beobachten sind.

Heinrich II. war seit der Machtübernahme in England vor allem darum bemüht, die durch den Bürgerkrieg entstandene Rechtsunsicherheit zu beseitigen, um durch einen konsequenten Rückgriff auf die Verhältnisse zur Zeit seines Großvaters Heinrich I. eine tragfähige Machtbasis für seine Politik zu gewinnen. Richard von Lucy und Graf Robert von Leicester setzte er als Justiziare ein, einen Kleriker der Domkirche von Canterbury, Thomas Becket, ernannte er zu seinem Kanzler. Die Ausdehnung seines Reiches machte es erforderlich, dass er sich die meiste Zeit auf Reisen befand, zudem er immer auf eine Ausweitung seines Machtbereichs bedacht war. Fungierte seine Mutter, die Kaiserin Mathilde, während seiner Abwesenheit als Regentin in der Normandie, so vertrat Eleonore bei drei Gelegenheiten – von Januar bis Juli 1156, von August bis Dezember 1158 und von Anfang 1159 bis September 1160 – seine Interessen in England. Dabei ist in der Forschung umstritten, wie weit ihre Befugnisse gingen und ob die Herrschaftsstrukturen schon so weit gefestigt waren, dass Eleonore nur nominell die Herrschaft ausübte, die in Wirklichkeit „under king, regent or justiciar" (Richardson) gleichermaßen funktionierte.

Vor Eleonore hatte nur Mathilde von Schottland, die Gattin Heinrichs I., in Friedenszeiten königliche Funktionen ausgeübt. Sie hatte ihren Gatten auf seinen Rundreisen begleitet, seine Urkunden bezeugt, ihre eigenen Besitzungen verwaltet und über eine eigene Hofhaltung mit einem Kreis gebildeter Kleriker und einem eigenen Kanzler verfügt. In Abwesenheit Heinrichs I. war sie als Regentin mit Befugnissen und Rechten ausgestattet, die in etwa denen Eleonores gut vierzig Jahre später entsprachen.

Beide Königinnen konnten rein administrative Verfügungen erlassen, die meist ihren eigenen Haushalt oder den ihrer Kinder betrafen. Sie stimmten in Form und Inhalt mit vergleichbaren Schreiben und Mandaten des Königs überein und wurden von denselben Zeugen unterzeichnet. Außer Eleonore selbst waren in Abwesenheit Heinrichs nur noch der Kanzler und der Justiziar zu Anweisungen an die königlichen Amtsträger *(sheriffs)* berechtigt. Nach Michaeli 1163, d. h. auch während ihrer letzten Regentschaft 1165,

Tafel 3

Tafel 4

sind keine Mandate von ihr mehr überliefert. Dies deutet aber weniger auf ein Nachlassen ihres Einflusses als auf eine Reorganisation der königlichen Verwaltung hin. Suchte doch Heinrich II. zwischen 1163 und 1166 Reformen durchzuführen, deren ersten Höhepunkt die Konstitutionen von Clarendon im Januar 1164 bildeten, die den Konflikt mit Erzbischof Thomas Becket und der englischen Kirche heraufbeschworen.

Wie Mathilde fiel auch Eleonore die Ausübung richterlicher Gewalt in Abwesenheit ihres Gatten zu. So gab sie Anweisungen zur Durchführung eines vom Königsgericht erlassenen Spruchs zugunsten der Abtei Malmesbury, entschied in ihrem eigenen Namen wie auch in dem des Königs Streitigkeiten, stellte eine Urkunde zugunsten der verwitweten Gräfin Mathilde von Chester aus und befahl Lehnsleuten der Abtei Abingdon, dem Abt nicht länger ihre Dienste vorzuenthalten, da sie sonst „im Namen des Königs und in ihrem eigenen Gerechtigkeit walten ließe". Während der Kanzler meist in der Umgebung des Königs weilte, stand Eleonore Graf Robert von Leicester als Justiziar des Reiches zur Seite. Zu 1166 ist bezeugt, dass sie gemeinsam mit Heinrich in Angers zu Gericht saß. Es ist durchaus möglich, dass dies auch in England der Fall war.

Allein weilte sie selten länger als ein halbes Jahr in England. Die ersten Male – 1156, Januar bis Juli und 1158, August bis Dezember – blieb sie wegen Schwangerschaften dort zurück, um wenige Wochen nach der Geburt des jeweiligen Kindes wieder zu Heinrich zu stoßen. Politisch aktiv vertrat sie die Interessen Heinrichs vor allem während ihrer dritten Regentschaft von 1159 bis September 1160, als dieser nach Toulouse zog, um das Erbe ihrer Großmutter Philippa einzufordern. In dieser Zeit wandte sich der Abt von St. Albans mit der Bitte an sie, ein Mandat gegen einen Adligen zu erlassen, der der Abtei den Besitz eines Waldes streitig machte. Obwohl sie dieser Bitte nachkam, konnte die Angelegenheit erst auf Befehl König Heinrichs – der gerade vor Toulouse weilte – vor dem Gericht Graf Roberts von Leicester zugunsten von St. Albans entschieden werden. Selbst wenn dies nicht gerade dafür spricht, dass sie die Macht besaß, ihren Anordnungen Nachdruck zu verleihen, so berichtet doch andererseits Johannes von Salisbury in einem Brief, dass er nur mit einem Erlaubnisschreiben der Königin England verlassen durfte.

Als sie sich von Januar 1163 bis Anfang 1165 zusammen mit Heinrich II. in England aufhielt, scheint sie keinen Anteil an politischen oder rechtlichen Entscheidungsfindungen gehabt zu haben. Sie weilte meistens im Südwesten Englands, der von den klimatischen Gegebenheiten her Aquitanien am ähnlichsten war, sei es auf der Burg Sherborne in Dorset, sei es in Winchester oder Salisbury. Dort empfing sie im Frühjahr 1165, nach dem Treffen des Königs mit Rainald von Dassel in Rouen, den Kölner Erzbischof, der für Herzog Heinrich den Löwen um die Hand ihrer Tochter Mathilde angehalten hatte.

Es sind nur vereinzelt Nachrichten über Urkunden, die sie für Empfänger in England ausstellte, erhalten geblieben, wie die Übertragung eines Lehens in London an einen gewissen Simon de Felstead (1154). Eleonore erscheint kaum als Intervenientin in Urkunden Heinrichs II., und ihre Unterschrift findet sich nur in den Anfangsjahren vereinzelt in königlichen Urkunden zugunsten von Kirchen wie Christ Church und Holy Trinity in London. Nach 1174 spielte sie keine Rolle mehr in der englischen Politik, selbst nachdem sie 1185 ihre Freiheit teilweise wiedererlangt hatte. Bemerkenswerterweise erwähnen die Chronisten der Regierung Heinrichs II. ihre Rolle überhaupt nicht, obwohl sie zumindest in der Zeit bis 1165 in England eine gewisse Vertrauensstellung einnahm. Noch am Ostersonntag 1158 war sie mit dem König zusammen in Worcester unter der Krone gegangen. In seiner Abwesenheit repräsentierte sie das Königtum in England. Wenn es ihr – wie der Fall von St. Albans zeigt – auch nicht immer gelingen sollte, ihre Anordnungen durchzusetzen, so konnte sie sich doch auf einen gut funktionierenden Herrschaftsapparat stützen. Anders verhielt es sich in den Festlandbesitzungen der Plantagenet, wo sic sowohl im Anjou als auch in Aquitanien als Regentin fungierte und immer größte Schwierigkeiten hatte, aufständischer Adliger Herr zu werden.

Dies zeigte sich, als Eleonore Anfang Mai 1165 mit ihren Kindern Richard und Mathilde in die Normandie übersetzte und von Heinrich II., der in England gegen die walisischen Prinzen Krieg führen musste, mit weitgehenden Vollmachten zur Regierung der angevinischen Kernlande, Anjou und Maine, in Angers zurückgelassen wurde. Robert von Torigny berichtet in seiner Chronik, die Bretonen hätten die Befehle der Königin kaum beachtet. Heinrich ergriff diese Gelegenheit, um die Bretagne in der Fastenzeit 1166 systematisch seinem Herrschaftsbereich einzugliedern. Nach der Eroberung wichtiger Burgen setzte er den bretonischen Herzog Conan IV. ab und verlobte seinen gerade achtjährigen Sohn Gottfried mit dessen fünfjähriger Erbtochter Konstanze. Bis zur Heirat beider (1181) ließ er die Bretagne durch eigene Leute verwalten.

Eleonore kehrte kurz nach diesen Ereignissen nach England zurück, um am 27. Dezember 1166 in Oxford ihren jüngsten Sohn Johann zur Welt zu bringen. Aus dieser Zeit sind keine Nachrichten über ihre Tätigkeiten bekannt. Waren gesundheitliche Probleme der Grund dafür? Bereits von der Geburt ihrer Tochter Johanna im Oktober 1165 hatte sie sich nur mühsam erholt, wie aus einer Urkunde Heinrichs zugunsten von St. Catherine' Priory bei Lincoln hervorgeht. Eleonore war nun 44 Jahre alt. Sie hatte ihrem ersten Gatten zwei und ihrem zweiten Gatten acht Kinder geboren. Johann Ohneland, wie man ihn später nannte, sollte ihr letztes Kind sein und wurde schon früh, wie auch seine Schwester Johanna, den Nonnen von Fontevrault zur Pflege übergeben.

Das Frühjahr 1167 verging mit Vorbereitungen für die Ausstattung ihrer ältesten Tochter Mathilde, die ein Jahr zuvor im Rahmen einer durch den Kölner Erzbischof Rainald von Dassel vermittelten Bündnisabsprache zwischen dem englischen König und Friedrich Barbarossa mit dem Herzog von Sachsen verlobt worden war. Die reiche Mitgift Mathildes füllte drei Schiffe. Zwei hohe Adlige, die Grafen von Arundel und Strigoil, gaben ihr das Geleit nach Sachsen, wo die Elfjährige am 1. Februar 1168 mit großem Pomp im Dom zu Minden ihrem um 27 Jahre älterem Gatten angetraut wurde.

Kurz vor der Abreise Mathildes aus England war ihre gleichnamige Großmutter, die Kaiserin Mathilde (10. Sept. 1167), in Rouen gestorben. Im Dezember setzte Eleonore nach Frankreich über, um das Weihnachtsfest gemeinsam mit Heinrich und ihren übrigen Kindern auf der Burg Argentan zu verbringen. Erst als Gefangene sollte sie England wiederbetreten.

Eleonore griff in die großen Auseinandersetzungen dieser Zeit nicht ein. Anders als Mathilde widersetzte sie sich weder der Erhebung Thomas Beckets zum Erzbischof von Canterbury, noch war sie bereit, zu dessen Gunsten zu intervenieren. „Von der Königin ist weder Hilfe noch Rat zu erwarten", klagte der Bischof von Poitiers in einem Brief an Becket. Im Schisma zwischen Alexander III. und Viktor IV. bezog sie keine Stellung und empfing Erzbischof Rainald von Dassel bei seiner Brautwerbung für Heinrich den Löwen und für den Sohn Barbarossas in England. Erst als Alexander III., der ihren Einfluss offensichtlich schätzte, zwei Kardinäle an ihren Hof entsandte, ergriff sie für ihn Partei und lud ihn zu einem Besuch in Poitiers ein.

Insgesamt gesehen, wurde sie in dieser ersten Phase ihrer Ehe mit Heinrich II. weit mehr in die Herrschaftsausübung mit einbezogen als in den Jahren am kapetingischen Hof, wo ihre Rolle meist auf rein repräsentative Aufgaben beschränkt gewesen war. Im angevinisch-normannischen Reich fungierte sie in allen Bereichen – in der Verwaltung, der Rechtsprechung wie auch gegenüber dem Adel – als Interessenvertreterin ihres Gatten. Zudem verfügte sie über eigene Einkünfte, eine eigene Kanzlei, einen eigenen Hof, und damit auch über eine eigene Machtgrundlage.

Heinrich II., der frühzeitig begriffen hatte, dass geteilte Macht keine Macht bedeutete, erkannte zwar die Rechte Eleonores in Aquitanien an, ohne jedoch zu versäumen, seine eigenen als gleichberechtigt daneben zu setzen und die Machtausübung als solche an sich zu ziehen. Was er verlangte, war absolute Loyalität. Was seine Missachtung des Grundsatzes *Divide et Impera* jedoch bewirkte, war der Aufstand seiner über alles geliebten Söhne, dem sich Eleonore anschloss, als sie ihr aquitanisches Erbe bedroht sah. Nach dem 1167 gemeinsam in Argentan verbrachten Weihnachtsfest begab sie sich auf Wunsch Heinrichs II. in ihr südwestliches Herzogtum. Als seine Sachwalterin, aber auch aus eigenem Recht und in Vertretung der Interessen ihres Sohnes Richard sollte sie die nächsten Jahre meist an den Höfen in Poitiers, Limoges und Bordeaux verbringen.

Das Toulousaner Erbe

„Sprich oh Adler, der Du zweimal versprochen warst, wo bist Du gewesen, als deine Brut das Nest verließ und es wagte, ihre Sporen gegen den König der Adler zu erheben? Hast Du sie nicht selbst noch angestachelt, ihren Vater so sehr zu verletzen?“, so lautete eine der angeblichen Prophezeiungen Merlins, die man auf Eleonore, die Gattin zweier Könige, bezog, die ihre Söhne zum Aufstand gegen den Vater getrieben habe.

Man warf ihr vor, aus Eifersucht auf die Geliebten des Königs gehandelt zu haben oder auch einfach aus Machtgier, da sie sich von der Macht ausgeschlossen sah. Aber diese Analyse der Psyche einer Frau, die unter ganz anderen Bedingungen lebte und dachte, als uns heute geläufig sind, scheint ebensowenig statthaft wie ein Vergleich mit der Mutter Winston Churchills (R. V. Turner), um ihr distanziertes Verhältnis zu ihren Kindern zu erklären. Was sie dachte und fühlte, können wir nicht wissen. Was indes greifbar ist, sind die Mechanismen der Macht, die die Adelsgesellschaft des 12. Jahrhunderts bestimmten. Wie die englische Historikerin Jane Martindale betont, liefert „Aquitanien unzweifelhaft den Schlüssel zum Verständnis der Rolle, die Eleonore auf der politischen Bühne ihrer Zeit spielte“, und Aquitanien war letztlich auch der Einsatz, der zum definitiven Bruch mit Heinrich führte.

Der Rechtsgelehrte Ranulf von Glanvill, in dessen Haushalt Eleonores jüngster Sohn Johann Ohneland erzogen wurde, hielt in seinem Traktat *„Über die Gesetze und Gebräuche des englischen*

Königreiches" fest, dass nach normannischem Recht alle Besitzungen und Rechte der Frau in die Verfügungsgewalt ihres Ehemanns übergingen. In den Gesellschaften des Mittelmeerraums dagegen konnte die Frau frei über ihre ererbten Besitzungen verfügen, selbst wenn ihr Ehegatte zu seinen Lebzeiten deren Verwaltung übernahm. Wenn eine Fürstin ihr väterliches Erbe nicht im Rahmen einer Schenkung an ihren Gatten übertragen hatte, konnte sie es nach dessen Tod entweder ungeachtet irgendwelcher Ansprüche ihrer Kinder in eine neue Ehe einbringen oder einem ihrer Kinder übertragen. Zu Lebzeiten ihres Gatten bedurfte es ihrer Zustimmung, wenn ihre Rechte oder Besitzungen veräußert oder entfremdet wurden.

Als Heinrich von Anjou Eleonore von Aquitanien im Mai 1152 heiratete, wurde er nicht wie vor ihm Ludwig VII. in Poitiers zum Herzog gekrönt. Nach der Geburt ihres ersten Sohnes Wilhelm nahm er in seinen Urkunden den Titel eines Herzogs von Aquitanien an und leistete im Februar 1156 Ludwig VII. in Abwesenheit Eleonores den Lehnseid für das Herzogtum. Im Herbst desselben Jahres begleitete Heinrich Eleonore nach Aquitanien. Zwar hatte er bereits wenige Monate nach ihrer Hochzeit Limoges besucht, wo noch die Erinnerung an den Weihnachtshoftag Ludwigs VII. vom gleichen Jahr lebendig war, und die Stadt gegen den Willen der Bürgerschaft seiner Herrschaft unterworfen, aber erst jetzt, vier Jahre später, machte er sich auf einen Umritt durch das ganze Herzogtum: Poitiers, Bordeaux, Limoges, Melle sowie Ruffec in der Grafschaft Angoulême waren Stationen dieser Reise. In getrennt oder gemeinsam ausgestellten Urkunden bestätigten Heinrich und Eleonore als Rechtsnachfolger der aquitanischen Herzöge Schenkungen an einzelne Klöster. In Bordeaux, der alten Herzogsstadt der Gascogne, feierten sie auf einem großen Hoftag Weihnachten. Eleonore wurde auf dieser Fahrt von den wichtigsten Mitgliedern ihres Haushalts begleitet, wobei sich neben dem Kanzler Matthäus und dem Truchsess Ralph von Hastings auch der aquitanische Konnetabel Saldebreuil in ihrem Gefolge befand.

Um seinen Einfluss in Aquitanien verstärkt geltend zu machen, bediente sich Heinrich seiner Stellung als Lehnsherr. So machte er sogleich sein Recht auf Ausübung der Vormundschaft über unmündige Vasallen geltend, ein Recht, das er in seinem ganzen Reich zu einem wertvollen Machtinstrument ausbauen sollte, da es ihm nicht nur die Verfügungsgewalt über die Lehen garantierte, sondern auch deren wirtschaftliche Nutzung bis zur Mündigkeit der Erben. Er beauftragte – im Gegensatz zur bisher in Aquitanien geübten Praxis – während der Minderjährigkeit Vizegraf Ademars nicht dessen Verwandte mit der Verwaltung der Vizegrafschaft Limoges, sondern normannische Adlige. Er ließ die Mauern der Burg von Thouars schleifen, dessen Vizegraf im Bündnis mit seinem Bruder, Gottfried von Anjou, gegen ihn gekämpft hatte, und besetzte die Burg mit eigenen Leuten. Ob dies wirklich auf Wunsch Eleonores geschah, wie eine Chronik berichtet, erscheint fraglich, da sie mit den Vizegrafen verwandt war.

Die Szenerie wiederholte sich. Nach Auseinandersetzungen mit Adel und Städten machte sich nun auch Heinrich, wie vor ihm Ludwig VII., daran, die Grafschaft Toulouse als Erbe seiner Gattin einzufordern. Anders als dem französischen König musste ihm aber an einer wirklichen Inbesitznahme der wichtigen Handelsstadt am Kreuzpunkt der alten Römerstraßen gelegen sein, die Aquitanien mit Narbonne und dem Mittelmeer verbanden. Deshalb traf er auch so bald wie möglich Bündnisabsprachen mit einem anderen Gegner des Toulousaner Grafen, dem Grafen von Barcelona.

Denn seit Beginn des Jahrhunderts kämpften die Grafen von Saint-Gilles nicht nur mit den aquitanischen Herzögen um den Besitz der Grafschaft Toulouse sondern auch mit den Grafen von Barcelona um den Besitz der Grafschaft Provence. Bei einer Begegnung auf der Burg Blaye am nördlichen Ufer der Gironde, über die der Jakobsweg führte, weil man dort das Grabmal des berühmten Roland besuchen konnte, wurde im März 1159 eine Heirat zwischen der eben geborenen Dulcia, der Tochter Graf Raimund Berengars von Barcelona und der Petronilla von Aragón, sowie Eleonores anderthalbjährigem Sohn Richard verabredet, dem Aquitanien als Herrschaftsgebiet übertragen werden sollte.

Am Johannistag 1159 kam das Aufgebot des angevinischen Königs in Poitiers zusammen. Dem Heer gehörten neben Rittern aus der Normandie, Aquitanien und England auch viele Söldner an. Zudem war König Malcolm von Schottland erschienen, der sein Gefolge auf nicht weniger als 45 Schiffen nach Frankreich übergesetzt hatte. Als das Heer nach der Eroberung verschiedener Burgen Anfang Juli vor Toulouse eintraf, befand sich bereits Ludwig VII. von Frankreich in der Stadt, der 1154 seine Schwester Konstanze mit Raimund V. von Toulouse, einem „kühnen, starken und schönen Mann", verheiratet hatte.

Wie 1151 in der Normandie konnte und wollte Heinrich auch jetzt nicht persönlich gegen seinen Lehnsherrn kämpfen und Gefahr laufen, aller Lehen verlustig zu gehen. Der Feldzug war gescheitert. Nur Thomas Becket, der Kanzler Heinrichs II., den Johannes von Salisbury als den Spiritus Rector des ganzen Unternehmens bezeichnete, blieb zurück und eroberte mit seinen Truppen Cahors. Jahre später sollte der König die Gelder, die er für diesen Zug verwandt hatte, einfordern, um seinen Sturz zu beschleunigen.

Für Eleonore war einzig entscheidend, dass es wieder nicht gelungen war, die Ansprüche des aquitanischen Hauses auf Toulouse durchzusetzen. Sie selbst nahm nicht am Feldzug gegen Toulouse teil. Heinrich II. machte sich nun daran, die aquitanische Kirche seinem Einfluss zu unterwerfen, indem er die Bischofssitze von Bordeaux, Périgueux und Poitiers wie auch die Abtei Saint-Martial in Limoges mit eigenen Kandidaten besetzte. Als er 1162 die Ernennung des Johannes von Belmeis zum Bischof von Poitiers erreichte, stand auch längst sein Entschluss fest, nach dem Neubau von Kathedralen in Le Mans (Grafschaft Maine) und Angers (Grafschaft Anjou) nun auch im Hauptort der Grafschaft Poitou eine neue Kathedrale errichten zu lassen, um Aquitanien noch stärker in den angevinischen Herrschaftsbereich einzubinden. Auf einem Fenster der Kathedrale ließ er sich zusammen mit Eleonore und ihren vier Kindern als Stifter darstellen.

Die Tatsache, dass Heinrich Aquitanien wie jedes andere seiner Erbreiche behandelte, führte schließlich zu massiven Unruhen. Gervasius von Canterbury stellte fest, dass die Aquitanier „dem König der Engländer nicht länger treu blieben, weil er ihre Rechte beschnitt“. Während Eleonore in Oxford ihren jüngsten Sohn Johann zur Welt brachte, hielt Heinrich zu Weihnachten 1166 glänzend Hof in Poitiers. Um dem Adel entgegenzukommen, präsentierte er ihm seinen ältesten Sohn Heinrich als künftigen Herzog. Da dieser aber bereits offiziell zum englischen Thronfolger bestimmt worden war, entsprach eine solche Lösung nicht den Vorstellungen der auf Unabhängigkeit bedachten Aquitanier. Einige Adlige sollen sich sogar zu dieser Zeit unter Vorlage von Stammtafeln an die in Poitiers weilenden Legaten Alexanders III. gewandt haben, um die Ungültigkeit der Ehe zwischen Eleonore und Heinrich wegen zu naher Verwandtschaft nachzuweisen. Von einer Reaktion des Papstes, der die Unterstützung Heinrichs II. im Kampf gegen den kaiserlichen Papst Viktor IV. dringend benötigte, ist nichts bekannt.

Als jedoch immer neue Unruhen Aquitanien erschütterten und weder die Grafen von der Auvergne noch die von Angoulême oder die Herren von Lusignan Heinrichs Oberhoheit anerkennen wollten, wurde Eleonore im Winter 1168 aus England gerufen. Graf Patrick von Salisbury, der schon seit 1163 mit ausgedehnten Vollmachten als Anführer der königlichen Streitkräfte in Aquitanien weilte, wurde ihr zum Schutz beigegeben.

Sobald die Herzogin aquitanischen Boden betrat, fanden sich auch wie 1152 ihre Verwandten mütterlicherseits ein: ihre beiden Onkel Raoul de Faye, der die Funktionen eines Seneschalls der Saintonge übernahm, und Vizegraf Hugo II. von Châtellerault, sowie ihre Neffen Wilhelm von Châtellerault und Bernhard von Chauvigny. Zu ihrem Haushalt zählten außerdem der Konnetabel Saldebreuil, Magister Bernhard und der Kapellan Peter, der seit 1141 in ihren Diensten bezeugt ist.

Die Seele des Aufstands waren die Herren von Lusignan, deren mächtige Stammburg an die 15 Meilen südwestlich von Poitiers im Herzen der Grafschaft Poitou lag. Sie beherrschten die Straßen, die von Poitiers nach Saintes und dem wichtigen neuen Hafen von La Rochelle führten. Seit der Heirat Eleonores mit Ludwig VII. hatten sie immer wieder mit dem Kapetinger gemeinsame Sache gemacht und wandten sich auch jetzt mit der Bitte um Unterstützung an ihn. So wurde Heinrich, nachdem er ihre Burg eingenommen und deren Mauern geschleift hatte, vor ihrer endgültigen Unterwerfung nach Nordfrankreich abgerufen. Ludwig VII. erklärte sich bereit, Richard, den zweitältesten Sohn Heinrichs und Eleonores, als designierten Herzog von Aquitanien anzuerkennen und ihn mit seiner Tochter Alice aus zweiter Ehe zu verloben. Damit zeichnete sich eine friedliche Lösung des Nachfolgeproblems in Aquitanien ab.

Die Lusignan aber, unter Führung des jungen Gottfried, der später als Zeichen seines ritterlichen Verhaltens den ehrenden Beinamen „lo Prodhome" führte, nutzten die Atempause zum Wiederaufbau ihrer Burg. Als sich Eleonore in Begleitung von Patrick von Salisbury auf dem Weg nach Poitiers befand, wurde sie von deren Gefolgsleuten überfallen. Zwar konnte sie in Sicherheit gebracht werden, Patrick jedoch, der ohne Rüstung kämpfte – wie dies bei reisenden Rittern wegen des Gewichts üblich war –, wurde von einem seiner Angreifer von hinten erschlagen. Als ihm sein Neffe, der später berühmte Wilhelm Marschall, zu Hilfe eilen wollte, wurde er verletzt und aus Angst vor Repressalien Heinrichs II. verwundet von Versteck zu Versteck geschleppt. Für Graf Patrick, der „in ihren Diensten gestorben war", sollte Eleonore später in der Kirche von Saint-Hilaire in Poitiers eine jährliche Seelenmesse stiften.

Eine Befriedung Aquitaniens – nach vielen Kämpfen und der Zerstörung zahlreicher Burgen – erfolgte erst, nachdem Richard offiziell als Nachfolger im Herzogtum anerkannt worden war. Am Dreikönigstag 1169 kam es in Montmirail bei einem Treffen zwischen Heinrich II. und Ludwig VII. zu einem entscheidenden Vertrag. Angesichts der drohenden Exkommunikation durch den Erzbischof von Canterbury, Thomas Becket, der sich seit mehr als vier Jahren im Exil in Frankreich befand, beschloss Heinrich II. seine Reiche an seine Söhne zu übertragen, um einer Absetzung entgegenzuwirken. Den Nießbrauch aller Rechte und Besitzungen zu Lebzeiten behielt er sich allerdings vor. Heinrich der Jüngere sollte

England, die Normandie, Anjou und Maine erhalten, Richard Aquitanien und Gottfried die Bretagne. Dafür war Heinrich II. zu einer Reihe von Konzessionen gegenüber Ludwig VII. bereit, dessen Zustimmung als Lehnsherr für die Besitzungen der Plantagenet auf dem Festland er brauchte.

So wurde Richard nun offiziell mit dessen Tochter Alice aus der Ehe mit Konstanze von Kastilien verlobt und leistete Ludwig VII. den Lehnseid für Aquitanien. Gottfried konnte am Weihnachtstag 1169 die Huldigung des bretonischen Adels entgegennehmen und Heinrich der Jüngere wurde am 14. Juni 1170 in Westminster durch den Erzbischof von York feierlich zum englischen König gekrönt. Dies alles geschah offensichtlich im Einvernehmen mit Eleonore, die im Frühsommer des Jahres nach Caen geeilt war, um allen Boten Beckets, der das Krönungsrecht für den Erzstuhl von Canterbury forderte, die Überfahrt nach England zu verweigern. Darunter befand sich auch Bischof Roger von Worcester, ein Vetter des Königs, dessen Anwesenheit in Westminster Heinrich gewünscht hätte. Als er sie deshalb zur Rede stellen wollte, soll der Bischof betont haben, er wolle lieber einen Fuß verlieren, als dass Eleonore ein hartes Wort von Heinrich hören oder gar zur Lüge gezwungen werden sollte, um seinen Zorn nicht zu erregen. So gefürchtet war der König wegen seines aufbrausenden Temperaments und seiner Wutausbrüche.

Kurz darauf verließ Eleonore mit ihrer neunjährigen Tochter die Normandie. Die 1161 in Domfront geborene Eleonore war zunächst als Gattin für einen der Söhne Kaiser Friedrichs I. Barbarossa vorgesehen gewesen, bevor sie 1168 mit König Alfons II. von Aragón verlobt wurde. Als der Aragonese aber Sancha, die Schwester Alfons VIII. von Kastilien, heiratete und mit diesem im Juni ein Bündnis gegen jedermann „außer den König von England, der wie unser Vater ist“, schloss, entschied man sich, Eleonore mit dem kastilischen König zu vermählen. Im Sommer fanden in Bordeaux in Gegenwart Eleonores, der „hochberühmten Königin Englands“, die abschließenden Verhandlungen statt, bei denen der Braut eine reiche Morgengabe in Form von Burgen und Städten sowie jährlichen

Zahlungen von 5000 Morabetinos für ihren Haushalt überschrieben wurden. Von kastilischer Seite waren vier Bischöfe, an ihrer Spitze der Erzbischof von Toledo, sowie neun Grafen und hohe Adlige erschienen. Im Gefolge Eleonores befanden sich neben ihren Verwandten Raoul de Faye und Wilhelm von Châtellerault der Erzbischof von Bordeaux und seine Suffragane sowie die wichtigsten Vizegrafen und Adligen des Herzogtums Gascogne. Letzteres war der Braut als Mitgift versprochen worden, die sie jedoch erst nach dem Tod ihrer Mutter erhalten sollte. Die Kastilier konnten nicht absehen, dass sie länger als dreißig Jahre auf diesen Besitz warten mussten.

Nach der Abreise des Hochzeitszuges nach Spanien hielt sich Eleonore in den folgenden Jahren zusammen mit ihrem Sohn Richard in Aquitanien auf. Als er am 8. September 1171 mit vierzehn Jahren volljährig geworden war, strebte sie danach, seine Anerkennung als Herzog von Aquitanien durchzusetzen. Am ersten Sonntag nach Pfingsten, dem Fest der allerheiligsten Dreifaltigkeit (11. 6. 1172), wurde er in Poitiers einer alten Tradition folgend zum Abt von Saint-Hilaire erhoben. Aus den Händen des Erzbischofs von Bordeaux und des Bischofs von Poitiers empfing er Lanze und Banner als Insignien des Herzogsamtes. Gottfried von Vigeois, der zu dieser Zeit als Mönch in Saint-Martial in Limoges lebte, berichtet, Eleonore sei anschließend mit Richard weiter nach Limoges gezogen, wo der junge Fürst in einer Prozession zur Kathedrale geleitet wurde. Der Bischof habe ihm den Ring der heiligen Märtyrerin Valeria an den Finger gesteckt und ihn so symbolisch mit der Stadt vermählt, bevor ihn das Volk zum Herzog von Aquitanien akklamierte. Die Weihehandlungen in Poitiers und Limoges verschafften Richard einen eigenrechtlichen Anspruch auf das Reich, von dem er immer betonte, er habe es von seiner Mutter geerbt. Eleonore schien damit eines ihrer wichtigsten Ziele erreicht zu haben: Aquitanien sollte nicht in einem angevinischen Großreich aufgehen.

Heinrich II. war bei diesen Zeremonien nicht anwesend. Verfolgte er doch schon wieder andere Pläne. Als er 1169 in Montmirail sein Reich unter seine Söhne aufgeteilt hatte, sah er dieses in seiner Substanz bedroht. 1173 aber, nachdem er nach der Ermordung von Thomas Becket am 29. Dezember 1170, im Mai 1172 in Avranches Kirchenbuße geleistet und vom Papst von aller Schuld an dessen Tod freigesprochen worden war, war er nicht länger an einer Herrschaftsteilung interessiert. Nicht nur, dass er Heinrich dem Jüngeren jede Form von Mitherrschaft verweigerte und ihn auch finanziell nicht ausstattete, er strebte sogar nach einer neuen Lösung, um nun auch den jüngsten seiner Söhne, Johann, den man *sine terra*, Ohneland, nannte, auszustatten.

Seit 1171 verhandelte er mit Graf Humbert III. von Maurienne über eine Heirat Johanns mit dessen Erbtochter Alice, eine Verbindung, die gleichbedeutend mit der Aussicht auf die Nachfolge in der Grafschaft Savoyen war. Nachdem Heinrich das Weihnachtsfest 1172 zusammen mit Eleonore und den anderen Kindern – nur der Thronfolger hielt seinen eigenen Hof in der Normandie – in Chinon verbracht hatte, wurden die Verhandlungen mit dem Savoyer in der Auvergne fortgeführt. Beteiligt waren auch aquitanische Adlige aus der Gefolgschaft Eleonores, wie Raoul de Faye. Im Rahmen der Verhandlungen kam es zu ernsthaften Unstimmigkeiten zwischen Heinrich II. und seinen Söhnen, als Humbert von Savoyen die Zuweisung eigener Einkünfte für seinen künftigen Schwiegersohn forderte. Nach einigem Zögern erklärte sich Heinrich bereit, Johann jene drei Burgen an der Südgrenze der Grafschaft Anjou zu überschreiben, die traditionell zur Ausstattung jüngerer Söhne des Hauses Anjou gehörten: Mirebeau, Loudun und Chinon.

Dies aber rief den Widerstand Heinrichs des Jüngeren hervor, der Ludwig VII. in Montmirail den Lehnseid für die Grafschaft Anjou und das Herzogtum Normandie geleistet hatte, ohne bis dahin wirklich in den Besitz dieser Herrschaften oder von deren Einkünften gelangt zu sein. Da er einen sehr aufwendigen Lebensstil führte und dauernd in Geldsorgen war, schien ihm diese Schmälerung seines Erbes unerträglich. Zudem hatte ihn bereits bei früheren Aufenthalten in Paris Ludwig VII., der Vater seiner Gattin Margarete, auf den unhaltbaren Zustand angesprochen, dass er zwar dem Namen nach König sei, jedoch keine wirkliche Macht besitze. Auch Eleonore hatte längst erkennen müssen, dass Richards Herrschaft ebenso wie ihre eigene in Aquitanien rein nomineller Natur war und sie ohne Zustimmung Heinrichs, der die meisten ihrer Urkunden durch eigene bestätigte, nichts vermochte. In dieser Atmosphäre allgemeiner Unzufriedenheit kam im Februar in Limoges die Frage nach den Ansprüchen der aquitanischen Herzöge auf die Grafschaft Toulouse erneut zur Sprache. König Alfons II. von Aragón und Graf Raimund V. von Toulouse hatten sich dort eingefunden und Heinrich II. um eine Vermittlung in ihrem Streit um die Grafschaft Provence gebeten. Raimund V. war zudem gewillt, Heinrich II. und seinen Söhnen Heinrich und Richard den Lehnseid für die Grafschaft Toulouse zu leisten. Darüber hinaus war er zur üblichen jährlichen Leistung von 40 Tagen Heerdienst und zur Zahlung von 100 Silbermark bereit. Der Streit um das Erbe der Philippa von Toulouse schien damit endgültig beigelegt.

Die Darstellung in den Quellen ist jedoch nicht eindeutig. Während der Limousiner Chronist Gottfried von Vigeois die Anwesenheit Eleonores und Richards bei der Leistung des Lehnseids betont, wird sie von normannischen oder englischen Geschichtsschreibern nicht erwähnt. Ralph von Diceto berichtet sogar, Richard sei abwesend gewesen, sodass die förmliche Lehnsnahme auf Pfingsten (27. Mai 1173) verschoben werden musste. Aber wie dem auch sei, eine solche Übereinkunft konnte nicht im Sinne Eleonores sein. Hieß dies doch, dass Toulouse nicht allein von Aquitanien, sondern außerdem vom englischen König über den Tod Heinrichs II. hinaus lehnsrührig sein sollte. War es ein Zufall, dass sie den unmittelbar danach stattfindenden Aufstand ihrer Söhne mittrug?

Nachdem Heinrich II. sich geweigert hatte, seinem ältesten Sohn sofort eine der in Aussicht gestellten Herrschaften – England, die Normandie oder das Anjou – zu übertragen, floh dieser in der Nacht vom 5. auf den 6. März mit wenigen Begleitern an den französischen Königshof. Eleonore schickte wenig später Gottfried und Richard ebenfalls nach Paris, bevor sie den poitevinischen Adel zum Kampf gegen Heinrich mobilisierte. Das Ziel des

Aufstands war es, Heinrich II. zum Abdanken zu zwingen, um die 1169 in Montmirail beschlossene Neuordnung des angevinischen Reiches in die Tat umzusetzen. Während es Heinrich dem Jüngeren vor allem darum ging, Gerechtigkeit für den noch ungesühnten Mord an Thomas Becket einzufordern, dessen Heiligsprechung (21. Feb. 1173) nur wenige Tage vor Ausbruch des Aufstands erfolgt war, standen für Eleonore ihre eigenen Rechte und die Rechte ihres Sohnes Richard in Aquitanien im Vordergrund, die sie durch die Übereinkunft Heinrichs II. mit Raimund von Toulouse bedroht sah.

Interessanterweise sollte es gerade der Graf von Toulouse sein, der als erster Heinrich II. vor einer Verschwörung seiner Gemahlin und seiner Söhne warnte. Er wollte keine starke Herzogsgewalt in Aquitanien, die eine ständige Bedrohung für Toulouse bedeutet hätte. Im späteren Bruderzwist zwischen Heinrich dem Jüngeren und Richard Löwenherz ergriff er dann auch für den jungen König Partei, eine Parteinahme, die Richard als Verrat empfand und ihm nicht vergessen sollte. 1185 schloss Richard mit König Alfons II. von Aragón ein Angriffsbündnis gegen Toulouse, wozu ihm nach einer vorübergehenden Aussöhnung sein Vater Geld und Söldner zur Verfügung stellte. Selbst seine Heirat mit Berengaria von Navarra ist im Zeichen dieses Antagonismus mit Raimund V. zu sehen. Erst nach Raimunds Tod im Jahre 1194 fand sich Richard zu einer Verständigung mit dem Toulousaner Grafenhaus bereit.

1173 aber schien Eleonore die eigenständige Stellung Aquitaniens durch die Huldigung Raimunds an Heinrich den Jüngeren gefährdet. Wollte sie das Aufgehen Aquitaniens in einen englisch-normannischen Reichsverband verhindern und den Fortbestand des Herzogtums unter einem Mitglied ihrer eigenen Familie erreichen? Wie sehr Richard Löwenherz ihre Vorstellungen teilte, sollte sich in den folgenden Jahren ganz deutlich zeigen. 1182 wollte er auf dem großen Weihnachtshof in Caen Heinrich dem Jüngeren den Lehnseid für Aquitanien nur gegen die Zusicherung leisten, dass das Herzogtum für immer ihm und seinen Erben gehören sollte. 1183 weigerte er sich, nach dem Tod seines ältesten Bruders Aqui-

Tafel 5

Tafel 6

tanien an seinen jüngeren Bruder Johann abzutreten und die einzigen Rechte, die er zwei Jahre später anzuerkennen bereit war, waren die seiner Mutter als rechtmäßige Herzogin.

Nachdem Eleonore im Sommer 1173 den aquitanischen Adel zum Widerstand gegen Heinrich II. aufgerufen hatte, versuchte sie im Herbst, unter Männerkleidern verborgen – ein gewichtiger Verstoß gegen die geschlechtsspezifischen Kleiderordnungen – nach Paris zu fliehen, um dort selbst am Hofe Ludwigs VII. vorstellig zu werden.

Dieses Vorgehen schien den englischen Chronisten unerhört. Ralph von Diceto schreibt, es habe zwar viele Fälle gegeben, in denen sich die Söhne gegen ihren Vater empört hätten, aber niemals eine Königin. Der Erzbischof von Rouen forderte Eleonore unter Androhung kirchlicher Strafen auf, ihre Söhne nicht länger gegen ihren Vater aufzuhetzen. Während die zeitgenössische Geschichtsschreibung ihre Haltung demnach fast einhellig verurteilte, wurde sie in der neueren Forschung als Intervention einer Mutter im Vater-Sohn-Konflikt bzw. als die Reaktion einer eifersüchtigen Ehefrau gerechtfertigt.

Konnten dies aber wirklich Motive für eine mittelalterliche Königin sein? Wären ihre aquitanischen Vasallen bereit gewesen, ihr dafür in einen Krieg gegen ihren Lehnsherrn zu folgen? Warum vollzog sie, die sich in all den Jahren loyal zu Heinrich verhalten hatte, nun plötzlich den Bruch mit ihm? Hatte er ihre Rechte als Herzogin von Aquitanien verletzt, sodass sie an den Hof Ludwigs VII. fliehen wollte, um bei ihrem obersten Lehnsherrn ihr Recht einzuklagen? Lag hier ein *defectus juris* vor, ein schwerwiegender Verstoß gegen ihre Rechte, der ihr keinen anderen Ausweg ließ? Sollte nicht 1202 eine vergleichbare Situation eintreten, als die aquitanischen Adligen an den französischen König appellierten, weil sie vor dem Gericht Johann Ohnelands kein Recht fanden? Und sollte dieser andere *defectus juris* nicht schließlich zum Verlust aller französischen Lehen der Plantagenet führen?

Allerdings konnte Eleonore den Hof Ludwigs VII. nicht erreichen. Auf dem Weg nach Chartres gelang es Heinrich II., ihrer habhaft zu werden. Er ließ sie in der Burg von Chinon gefangensetzen, sodass sie an den folgenden Ereignissen keinen Anteil mehr nehmen konnte. Die Burg ihres Onkels, Faye-la-Vineuse, wurde von Söldnern Heinrichs II. erobert und zerstört, Raouls weiteres Schicksal verliert sich im Dunkel der Geschichte. Mehr als ein Jahr nach Ausbruch des Aufstandes und nachdem anfängliche Erfolge der Aufständischen in ihr Gegenteil verkehrt worden waren, setzte Heinrich am 7. Juli 1174 mit Eleonore, seinen beiden jüngsten Kindern Johanna und Johann sowie den Gattinnen der aufständischen Prinzen nach Southampton über.

Denn obwohl der Aufstand auf die Normandie, die Bretagne, Schottland und weite Teile England übergegriffen hatte, sollte es Heinrich II. gelingen, sowohl militärisch die Oberhand zu gewinnen, als auch durch eine großartige Geste – er tat Kirchenbuße auf dem Grab Beckets – die Hilfe des gerade Heiliggesprochenen zum Schutz seines Reiches zu erlangen und so den Aufständischen das Wasser abzugraben. Im August 1174 sahen sich Eleonores Söhne zur Verständigung mit ihrem Vater gezwungen. Der Friede von Montlouis (30. Sept. 1174) stellte den Status quo ante wieder her, wobei allen drei Söhnen nun eigene Einkünfte zugewiesen wurden. Heinrich erhielt zwei Burgen in der Normandie und 15 000 Pfund angevinischer Münze, Richard bekam zwei Burgen im Poitou und die Hälfte der Einnahmen der dortigen Grafschaft, und Gottfried wurde die Hälfte der Einkünfte der Grafschaft Bretagne zugewiesen. Neben dem König von Schottland sowie den Grafen von Leicester und Chester blieb auch Eleonore selbst vom Frieden ausgeschlossen. Dachte Heinrich, wie später Peter II. von Aragón, „er wolle weder Land noch Besitz noch Weib noch irgendetwas anderes, über das er nicht nach Belieben frei verfügen könne"?

Eleonore wurde von den übrigen getrennt und nach Salisbury gebracht. Dort wurde sie der Obhut des Robert Malduit, des Sohnes eines königlichen Kämmerers, anvertraut, während den anderen Frauen die Burg Devizes in Gloucestershire als Aufenthaltsort zugewiesen wurde. Im fernen Aquitanien klagte Richard von Poitiers in seiner Weltchronik, dass seine Königin in der Fremde bei ungebildeten Leuten gefangensitze, dass ihre Ratgeber zerstreut und ermordet seien und nicht länger Gesang und Musik durch die Hallen ihrer Burgen schallten. Mit den Worten des Propheten Jeremias rief er Eleonore auf, in ihre Städte zurückzukehren. Aber es sollten fast zwanzig Jahre vergehen, bis dieser Wunsch Wirklichkeit wurde.

Wilhelm von Newburgh betont, dass sich Heinrich von Eleonore abgewandt habe, sobald sie das gebärfähige Alter hinter sich gelassen habe. Spätestens seit Beginn der 60er Jahre unterhielt der König Beziehungen zu anderen Frauen. Damit verhielt er sich jedoch nicht anders als viele Herrscher seiner Zeit. Sein Großvater Heinrich I. brachte es immerhin auf die stolze Zahl von 24 außerehelichen Kindern, und auch Eleonores Schwiegervater, Gottfried von Anjou, hatte mit Sicherheit zwei illegitime Töchter. Der bretonische Vizegraf Eudo von Porhodt warf Heinrich II. vor, er habe seine Tochter geschändet, als sie als Geisel am englischen Hofe weilte. Eine seiner Konkubinen scheint Heinrich jedoch wirklich geliebt zu haben, die als *Fair Rosamond* volkstümlich gewordene Tochter eines Ritters aus Herefordshire an der Grenze zu Wales. Rosamund Clifford, die der Chronist Roger von Hoveden als *amica,* als Freundin, des Königs bezeichnete, starb drei Jahre nach der Gefangensetzung Eleonores. Die Liebe des Königs zu ihr soll so groß gewesen sein, dass er das Kloster Godstow, in dem sie begraben lag, reich ausstattete. Die Mitte des 14. Jahrhunderts erstmals in Londoner Chroniken überlieferte Sage, Eleonore sei gefangengesetzt worden, weil sie aus Eifersucht Rosamund getötet habe, entbehrt jeglicher historischen Grundlage ebenso wie die Nachricht, sie habe die inmitten eines Labyrinths verborgen gehaltene Rivalin schließlich doch gefunden, zwischen zwei Feuer gesetzt und in einem Bad ermorden lassen. Auf Befehl Eleonores habe eine Hexe Rosamund zwei Kröten auf die Brüste gesetzt, um ihr Blut und Leben auszusaugen. In späteren Variationen zog Rosamund den Tod durch Gift dem Dolch vor. Nach Heinrichs II. Tod ließ Bischof Hugo von Lincoln das Grab der Rosamund aus dem Chor des Nonnenklosters in Godstow entfernen, weil die Liebe des Königs zu ihr „unerlaubt und ehebrecherisch“ gewesen sei. Es ist nicht überliefert, ob Eleonore ihn dahingehend beeinflusste.

Möglicherweise trug sich Heinrich jedoch tatsächlich mit Scheidungsabsichten. Gerüchte darüber waren schon früher aufgetaucht, als man von aquitanischer Seite vorbrachte, Eleonore sei auch mit Heinrich II. in unerlaubtem Grad verwandt. Im Oktober 1175 scheint der König selbst einen Vorstoß beim päpstlichen Legaten Hugezon vorgenommen zu haben, weshalb er Eleonore wahrscheinlich von Salisbury nach Winchester bringen ließ. Gerald von Wales, ein Eleonore weitgehend feindlich gesinnter und nicht immer sehr zuverlässiger Geschichtsschreiber, berichtet, Heinrich habe beabsichtigt, Eleonore in Fontevrault den Schleier nehmen zu lassen. Über eine Reaktion des Papstes ist nichts bekannt. Der Grund lag wohl nicht – wie manchmal angenommen wurde – darin, dass sie keine Berufung zum klösterlichen Leben in sich fühlte. Sie erkannte vielmehr, dass die Interessen ihres Hauses, besonders ihrer Söhne, auf dem Spiel standen. Gerald von Wales deutet an, Heinrich habe Alice von Frankreich heiraten wollen, um alle seine Kinder aus der angeblich inzestuösen Verbindung mit Eleonore ihrer Rechte zu entkleiden und neue Erben zu zeugen. Dies ist nicht ganz von der Hand zu weisen, da sogar Philipp II. August glaubte, Alice, die seit 1169 als Verlobte Richards am englischen Hof lebte, habe ein Kind von ihrem künftigen Schwiegervater bekommen.

Über Eleonores Leben während der langen Jahre ihrer Gefangenschaft ist wenig bekannt. Als 1176 Gesandte König Wilhelms II. von Sizilien in England erschienen, die um die Hand ihrer zehnjährigen Tochter Johanna anhielten, weilte die Königin nach Angabe der Rechnungsbücher unter Bewachung in Winchester. Johanna, die seit der Gefangensetzung ihrer Mutter dort erzogen wurde, brach Ende August mit großem Gefolge nach Sizilien auf. Zu diesem Zeitpunkt wurden Eleonore rote Gewänder, graue Pelze sowie bestickte Kissen für sich und ihre Dienerin Amaria zugewiesen. 1177/78 erhielt sie Mäntel, Polster und einen vergoldeten Sattel, was dafür spricht, dass man ihr nun größere Bewegungsfreiheit zubilligte. 1180 wurde sie in die Obhut eines Angehörigen der königlichen Kammer und ehemaligen Sheriffs von Gloucestershire, Ralph fitz Stephen, überstellt, der im Auftrag des königlichen Justiziars Ranulf von Glanville an wechselnden Orten in Devon, Somerset und Hampshire für ihren Unterhalt aufkam.

Die Nachricht vom Tod ihres ältesten Sohnes, der in Aquitanien einem Fieber erlegen war, erreichte Eleonore 1183 in Berkshire. Der Archidiakon Thomas von Wells, der ein Klagelied auf Heinrichs Tod verfasste, wollte aus Eleonores Mund erfahren haben, ihr Sohn sei ihr nach seinem Begräbnis mit zwei goldenen Kronen auf dem Haupt – als Zeichen der Erlösung seiner Seele – erschienen. Auf dem Totenbett soll er seinen Vater gebeten haben, der Mutter die Freiheit wiederzugeben. Zur Klärung rechtlicher Fragen, die das Wittum seiner Gattin Margarete von Frankreich betrafen, wurde Eleonore bald darauf in die Normandie gerufen.

Ihre Lage verbesserte sich, sobald ihre älteste, mit dem sächsischen Herzog Heinrich dem Löwen verheiratete Tochter Mathilde nach der Entmachtung ihres Gatten ins Exil nach England kam. Ostern 1184 gab man Eleonore das Landgut Hede bei London zurück, das Heinrich nach ihrer Gefangensetzung verpachtet hatte. Bis Juni hielt sie sich in Oxford auf, traf dann mit Heinrich dem Löwen und Mathilde in Berkhamstead zusammen und war in Winchester, als Mathilde dort im Juli 1184 ihren jüngsten Sohn Wilhelm, den späteren Herzog von Braunschweig-Lüneburg, zur Welt brachte. Als Heinrich am Dreikönigstag 1185 die Nachricht von der Versöhnung zwischen Heinrich dem Löwen und Friedrich Barbarossa erhielt, sandte er „voll Freude“ nach Eleonore. Gemeinsam mit dem sächsischen Herzogspaar setzte sie daraufhin in die Normandie über.

Heinrich hatte Eleonore rufen lassen, weil er sie brauchte, um die Verhältnisse in Aquitanien nach seinen Vorstellungen zu ordnen. Richard hatte sich 1183 nach dem Tod seines älteren Bruders Heinrich geweigert, Aquitanien an Johann Ohneland abzutreten und so den Plan Heinrichs II. durchkreuzt, das Herzogtum als eine Art Sekundogenitur zu behandeln. Daraufhin war es zu kriegerischen Auseinandersetzungen zwischen den drei Brüdern gekommen, in deren Verlauf das Poitou und die Bretagne gebrandschatzt und ausgeplündert worden waren. Als Heinrich daraufhin seine Söhne nach England zitierte, um die Eintracht unter ihnen wiederherzustellen, bat er Eleonore, Ende November 1184 an einem Hoftag in Westminster teilzunehmen. Offensichtlich ergriff sie dabei für Richard Partei und ermöglichte ihm so nach dem gemeinsam in Windsor verbrachten Weihnachtsfest die Rückkehr nach Aquitanien. Da es Heinrich in den folgenden Monaten nicht gelang, Richard militärisch in die Knie zu zwingen, forderte er Eleonore im Mai 1185 auf, zu ihm in die Normandie zu kommen. Immer noch in Begleitung des Ralph fitz Stephen setzte sie von Portsmouth aus nach Frankreich über. Heinrich verlangte, dass Richard ihr Aquitanien als der rechtmäßigen Herzogin zurückgeben sollte, eine Forderung, der dieser sofort nachkam, da er ihre Rechte immer anerkannt hatte. Dieser Schritt führte nicht zu einer Minderung von Richards Rechten, bot aber Heinrich II. die Möglichkeit, im Namen seiner Gattin Garnisonen in die wichtigsten poitevinischen Burgen zu legen. Gleichzeitig lenkte er das Interesse seines Sohnes auf ein anderes Feld, da er ihm die finanziellen Mittel zu einem schon lange geplanten Feldzug gegen Toulouse an die Hand gab. Eleonore selbst aber kehrte, nachdem sie ein ganzes Jahr in der Normandie verbracht hatte, am 27. April 1186 zusammen mit Heinrich II. und ihrer Enkelin Mathilde, der Tochter Heinrichs des Löwen, nach England zurück.

Nur wenige Monate später musste sie erfahren, dass ihr dritter Sohn Gottfried bei einem Turnier in Paris im Gemenge von Pferden zu Tode getrampelt worden war. Er hinterließ eine Tochter namens Eleonore und einen nachgeborenen Sohn, den späteren Arthur von der Bretagne, der noch eine wichtige Rolle in ihrem Leben spielen sollte.

Obwohl einzelne Quellen berichten, Eleonore sei Ende März 1185 auf Betreiben Erzbischof Balduins von Canterbury endgültig freigelassen worden und die Zeit ihrer Gefangenschaft auf 12 Jahre festsetzen, trifft dies nicht uneingeschränkt zu. Der Übergang war vielmehr fließend. Bereits seit 1183 durfte sie ihre von Heinrich als

Morgengabe überschriebenen Besitzungen besuchen und seit 1186 erneut über die Einkünfte aus ihren englischen Besitzungen verfügen. Dies bedeutete jedoch keine Wiedereinsetzung in ihre früheren Rechte. Außer einer Schenkung zugunsten von Fonte-vrault sind keine Urkunden Eleonores aus dieser Zeit überliefert. Sie konnte nur bei Hofe erscheinen, wenn Heinrich ihrer bedurfte. Ihr eigener Hofstaat war auf ein Minimum reduziert worden. Nach der Rückkehr aus der Normandie nahm sie ihren Aufenthalt in Winchester. Nachdem jedoch Richard den königlichen Schatz in Chinon zur Befestigung seiner Burgen in Aquitanien konfisziert und kurz darauf König Philipp II. August von Frankreich, dem Sohn und Erben Ludwigs VII., den Lehnseid für die Festlandbesitzungen der Plantagenet geleistet hatte, wurde ihre Bewegungsfreiheit erneut eingeschränkt. Als Heinrich 1188 in Saumur Weihnachten feierte, stand sie wieder unter Bewachung von Ralph fitz Stephen.

Ihre volle Freiheit sollte Eleonore erst wiedererlangen, nachdem Heinrich II. am Dienstag, den 6. Juli 1189, von allen verlassen im Alter von 56 Jahren in Chinon gestorben war. Nur sein illegitimer Sohn Gottfried, der all die Jahre als sein Kanzler fungiert hatte, war bei ihm und begleitete den Trauerzug nach dem nahe gelegenen Fontevrault. Als Richard am folgenden Tag dort eintraf, zeigte er keine Gefühlsregung.

Längst waren schon die Boten nach England unterwegs, um Eleonore mitzuteilen, dass die Zeit des Wartens vorüber wäre und Richard König werden sollte, er, der „ihr soviel Ehre erweisen wollte, wie er nur immer vermochte“ (Ralph von Diceto).

Wahrerin des Reiches

Der Tod Heinrichs in Chinon veränderte Eleonores Leben schlagartig. Erfüllte sich doch nun, wie Ralph von Diceto meinte, die Prophezeiung Merlins, dass der „Adler des zerbrochenen Bundes sich an seinem dritten Nestling erfreue“. Denn zerbrochen sei ihr Bund mit Ludwig VII. wegen zu naher Verwandtschaft, ihre Ehe mit Heinrich II. aber, weil er sie solange gefangen gehalten habe. Richard aber, ihr dritter Sohn, habe – um an der Mutter wiedergutzumachen, was er am Vater versäumt hatte – sie mit so weitreichenden Vollmachten ausgestattet, dass ihr Wort in England wie ein Befehl gelte.

Als Witwe war die Stellung einer Königin im Mittelalter oft wesentlich stärker als zu Lebzeiten ihres Ehemanns. Infolge der vielen Gefahren, denen Könige, sei es im Krieg, sei es bei Jagden oder Turnieren, ausgesetzt waren, überlebten die Königinnen ihre Ehegatten relativ häufig. Eleonores Schwiegermutter Mathilde sollte ihren ersten Ehemann um 42 und den zweiten immerhin noch um 16 Jahre überleben, obwohl letzterer zehn Jahre jünger als sie war. Hinzu kam ein oft schon beträchtlicher Altersunterschied bei der Eheschließung. Wenn eine Königin nicht im Kindbett starb, hatte sie häufig eine lange Phase der Witwenschaft vor sich. Politischen Einfluss, den sie vor allem während der Minderjährigkeit des Thronfolgers ausüben konnte – man denke nur an die Kaiserinnen Adelheid, Theophanu und Agnes sowie an die französische Königin Blanche von Kastilien – verlor sie nur im Falle einer Wiederverheiratung.

Häufig versuchten Königinnen, die Nachfolgeordnung zu beeinflussen, indem sie entweder einen jüngeren Sohn einem älteren vorzogen oder eine Teilung der Herrschaft anstrebten, um so alle Söhne zufriedenzustellen. Die politische Rolle der Eleonore von Aquitanien in den fünfzehn Jahren, die sie ihren Gatten überlebte, kreiste fast ausschließlich um diese Fragen. Sie kämpfte darum, das Erbe der Plantagenet ihren Söhnen ungeschmälert zu bewahren. Dabei hielt sie in der Tradition des aquitanischen Hauses daran fest, dass erst alle Söhne dem Vater nachzufolgen hätten, bevor deren Kinder in ihre Rechte eintreten konnten.

Als Heinrich II. starb, lebten nur noch zwei ihrer Söhne, Richard und Johann. Beide waren unverheiratet und kinderlos. Ihr ältester Sohn Heinrich war ohne Nachkommen gestorben, ihrem zweitjüngsten Sohn Gottfried war posthum noch ein Sohn geboren worden. Aus der Ehe ihrer eben verstorbenen ältesten Tochter Mathilde lebten zu diesem Zeitpunkt vier Söhne: Lothar, der schon im Jahr darauf sterben sollte, Heinrich, der spätere Pfalzgraf bei Rhein, Otto, der nachmalige römische Kaiser, und der in Winchester geborene Wilhelm. Ihre zweite Tochter Eleonore, die mit dem kastilischen König Alfons VIII. verheiratet war, gebar erst im November dieses Jahres einen lebensfähigen Sohn, und die Ehe ihrer jüngsten Tochter Johanna mit König Wilhelm II. von Sizilien war kinderlos geblieben.

Richard, von dem Gerald von Wales sagte, „er habe den Namen des Vaters ausgeschlagen, um den *honor* des mütterlichen Geschlechts anzunehmen", und der länger als irgendein anderes ihrer Kinder in ihrem Haushalt gelebt hatte, sandte sofort nach dem Tod Heinrichs II. Boten nach England mit dem Auftrag, Eleonore zu befreien und ihr Vollmacht zu erteilen, alles nach ihren Vorstellungen zu ordnen. Die Boten, zu denen auch „der beste Ritter der Welt" (G. Duby), Wilhelm Marschall, zählte, der einst in ihren Diensten in Aquitanien gefangengenommen worden war, fanden sie bereits in Freiheit vor. Auf Befehl Richards ließ sie in allen Grafschaften eine allgemeine Amnestie verkünden. Die von Heinrich II. konfiszierten Güter wurden zurückerstattet, alle Gefangenen – u. a. jene, die wegen Waldfrevels verurteilt waren – wurden freigesetzt. Schrieb die Königin doch, dass „sie aus eigener Erfahrung wüsste, wie beschwerlich die Gefangenschaft für Menschen und wie erquickend die Freilassung für den Geist sei“. Sie befahl, dass jeder freie Mann im Reich „Richard, dem Sohn des Herrn Heinrich und der Herrin Eleonore“, als seinem Lehnsherrn Treue geloben und sich verpflichten solle, ihm bei der Wahrung von Frieden und Gerechtigkeit zur Seite zu stehen. Dabei traf sie ihre Verfügungen unabhängig von der weiterhin funktionierenden Verwaltung. Ihre wichtigste Aufgabe sah sie darin, ihrem Sohn Richard die Nachfolge in England zu sichern. Ralph von Diceto berichtet sogar, dass die Ladungen zu den Krönungsfeierlichkeiten in Westminster von ihr ausgestellt wurden.

Richard war 32 Jahre alt. Seit 1159 stand fest, dass der am 8. September 1157 in Oxford geborene dritte Sohn Eleonores ihr Erbe in Aquitanien antreten würde. Nach dem Aufstand von 1173 und der Gefangensetzung Eleonores war es ihm nach endlosen Streitigkeiten mit Vater und Brüdern gelungen, seine Herrschaft dort zu festigen.

Als die Nachricht vom Fall Jerusalems Europa erreichte, hatte er am 2. Oktober 1187 in Tours, nur wenige Monate vor seinem Vater, das Kreuz genommen. Nach der erneuten Weigerung Heinrichs II., ihm nun Alice von Frankreich als Braut zu übergeben und ihn offiziell als Nachfolger anzuerkennen, warf sich Richard Philipp II. August zu Füßen und leistete ihm den Lehnseid für die Festlandbesitzungen der Plantagenet – Normandie, Anjou, Maine, Poitou und Berry – sowie für die umstrittene Grafschaft Toulouse. Der erbarmungslose Krieg, den sich Vater und Sohn von da an lieferten, endete am 4. Juli 1189 mit einem Friedensschluss, der Heinrich II. zwang, auf alle Bedingungen Richards und des französischen Königs einzugehen. Der Chronist Gerald von Wales gibt den möglichen Gefühlen des Königs Ausdruck, wenn er schreibt, Heinrich habe Richard, als er ihm den Friedenskuss gab, ins Ohr geflüstert: „Gott gebe, dass ich nicht sterbe, bevor ich Rache an Dir genommen habe“. In den zwei Tagen, die ihm noch zu leben blieben, bot sich dazu keine Gelegenheit mehr.

Anders als sein verstorbener älterer Bruder Heinrich war Richard weder zu Lebzeiten seines Vaters gekrönt noch offiziell zum Thronfolger erklärt worden. Ja, der alte König hatte immer wieder – mehr oder weniger ernsthaft – versucht, seinen jüngsten Sohn, Johann Ohneland, zu seinem Nachfolger aufzubauen. Die Rivalität der Brüder, die Philipp II. von Frankreich geschickt auszunutzen verstand, sollte die erste Hälfte der Regierung Richards überschatten und für Eleonore Anlass zu steter Sorge geben.

Am 13. August 1189 landete der junge König in Portsmouth. Er war von großer Gestalt, mit rotblonden Haaren und strahlend blauen Augen. Überall vom Volk mit Jubel begrüßt, traf er zunächst in Winchester mit seiner Mutter zusammen. Zwei Wochen später ließ er gegen den Widerspruch des Erzbischofs von Canterbury die seit 1176 beschlossene Hochzeit seines Bruders Johann mit seiner Cousine zweiten Grades, Isabella von Gloucester, vollziehen. Gleichzeitig bestätigte er ihm nicht nur den Besitz der normannischen Grafschaft Mortain, sondern übertrug ihm wenig später auch in England die Einkünfte und Rechte der Grafschaften Cornwall, Devon, Dorset, Somerset, Nottingham und Derby. Diese gütliche Einigung der Brüder entsprach ganz Eleonores Vorstellungen. Zusammen mit seiner Mutter zog Richard nach London. Dort fand am 3. September 1189 die feierliche Krönung statt, bei der Johann als einer der drei Schwertträger fungierte. Die anderen Schwerter trugen König David von Schottland und Graf Robert von Leicester, die beide beim Aufstand von 1173 auf Eleonores Seite gestanden hatten, eine Entscheidung, die der Graf von Leicester mit langjähriger Kerkerhaft gebüßt hatte.

Für Eleonore selbst bedeutete der Herrschaftsantritt ihres Sohnes die Rückkehr zu Macht und Einfluss. Sie war nun fast siebzig Jahre alt, und die Tage der Untätigkeit und Gefangenschaft hatten weder ihren Geist gebrochen noch ihre Tatkraft beeinträchtigt. In der Anfangszeit der Regierung Richards präsidierte sie wie in ihren ersten Ehejahren zusammen mit dem König bei Sitzungen des Hofgerichts und des königlichen Rates. Privatleute wie geistliche Institutionen baten sie, ihren Einfluss geltend zu machen. Erneut setzte sie ihre Autorität ein, um den königlichen Befehlen Nachdruck zu verleihen. So hinderte sie Ende November den päpstlichen Legaten Johannes von Anagni am Betreten Englands, damit der Streit zwischen dem Erzbischof von Canterbury und den dortigen Mönchen vor dem Gericht des Königs und nicht durch den Legaten entschieden würde.

Richard hatte seiner Mutter schon bald nach der Krönung die freie Verfügung über ihr Wittum wie auch über alle Besitzungen, die zur Morgengabe der Königinnen Heinrichs I. und Stephans gehört hatten, bestätigt. Entsprechende Urkunden belegen, dass sie dieses Recht auch nutzte. Zudem bezog sie weiterhin die Einkünfte aus dem sog. „Gold der Königin“, die bis zu ihrem Tod nicht an die Gattinnen ihrer Söhne übergingen. Nun konnte sie auch wieder zugunsten ihrer Familie mütterlicherseits tätig werden. In Salisbury wohnte sie der von Richard arrangierten Hochzeit ihres Neffen Andreas von Chauvigny, den sie als ihren „teuersten Freund und Verwandten“ bezeichnete, mit der Erbtochter des Herrn von Déols bei. Andreas, der damit zum mächtigsten Adligen im Berry aufstieg, begleitete später Richard ins Heilige Land und wurde einer seiner engsten Vertrauten, bevor er 1202 in Johanns Kerker starb.

So sehr Eleonore an einer Verständigung zwischen ihren beiden Söhnen und einer Förderung anderer Verwandter gelegen war, so wenig war sie mit der Entscheidung Richards einverstanden, seinem ältesten Halbbruder Gottfried, der Heinrich II. bis zu seinem Tod als Kanzler treu gedient und im Aufstand von 1173 zu ihm gestanden hatte, das Erzbistum York zu geben. Doch Richard setzte die Wahl Gottfrieds gegen alle Widerstände – selbst die des Kandidaten – durch. Fügte dieser sich doch nur zähneknirschend, weil er damit alle Hoffnungen auf eine Thronfolge oder, wie Gerald von Wales schreibt, „auf das Reich oder zumindest einen Teil desselben“ begraben musste. Als Richard von Gottfrieds Priesterweihe erfuhr, soll er gesagt haben: „Vor ihm sind wir jetzt soweit sicher“. Zudem traf er Vorkehrungen, die Macht des Erzbischofs zu beschneiden, indem er die Grafschaft York an seinen Neffen Otto, den Sohn Heinrichs des Löwen, und die Grafschaft Nothumberland an den Bischof von Durham, einem erklärten Gegner Gottfrieds, übertrug.

Machte Eleonore ihren Einfluss bei der Wahl einer Braut für Richard geltend? Zwar hatte dieser bereits einen illegitimen Sohn – Philipp, den späteren Herrn von Cognac –, jedoch keine rechtmäßigen Nachkommen, da sein Vater seine Heirat immer verhindert hatte. Obwohl er noch am 20. Juli 1189 Philipp II. August versprach, nun endlich dessen Schwester Alice zu heiraten, deutet einiges darauf hin, dass er nach einer neuen Braut Ausschau hielt. Denn sollte Alice wirklich Heinrich II. einen Sohn geboren haben, so dürfte sie Eleonore wohl kaum als die richtige Braut für Richard erschienen sein.

Neben persönlichen Motiven, die bei diesen Verbindungen kaum je eine Rolle spielten, kamen von Richards Seite noch strategische Überlegungen hinzu. Das Herzogtum Gascogne, das 1170 seiner Schwester Eleonore von Kastilien als Mitgift versprochen worden war, konnte während seiner Abwesenheit auf dem Kreuzzug sowohl von Toulousaner als auch von kastilischer Seite bedroht werden. Um dieser Gefahr zu begegnen, erneuerte er sein Bündnis mit dem König von Aragón, der seinerseits im September 1190 ein Schutz- und Trutzbündnis mit dem König von Navarra gegen Alfons VIII. von Kastilien schloss.

Alle diese Fragen wurden auf einer Versammlung aller geistlichen und weltlichen Großen des Herzogtums Gascogne zu Lichtmess 1190 in La Réole erörtert. Richard war bereit, ein Bündnis mit König Sancho VI. von Navarra durch eine Heirat mit dessen Tochter Berengaria abzusichern, die ihm als Mitgift zwei strategisch wichtige Burgen mitbringen sollte. Um zunächst die Grenzregionen zu befrieden, verschob er den Aufbruch zum Kreuzzug von Ostern auf den Johannistag. Ob Richard bei einem Familientreffen am 14. März in Nonancourt in der Normandie, zu dem außer seiner Mutter und seinen Brüdern auch Alice von Frankreich erschien, seine neuen Heiratspläne offenlegte, ist eher unwahrscheinlich. Allein Eleonore wird er ins Vertrauen gezogen haben. Eine Hochzeit mit Berengaria zu diesem Zeitpunkt hätte das ganze Unternehmen in Frage gestellt, da der französische König noch immer an der Heirat seiner Schwester mit Richard festhielt. Seinen Brüdern gegenüber, die er vorher mit Gunstbeweisen überschüttet hatte, zeigte Richard sich nun voller Misstrauen. Er verlangte ihre eidliche Zusicherung, England drei Jahre lang nicht zu betreten. Nur Eleonores Bitten bewogen ihn, die Frist für Johann auf ein Jahr zu verkürzen.

Am 6. April hielt er sich zusammen mit seiner Mutter in Argentan auf, dann trennten sich ihre Wege. Und dies, obwohl Richard nun nach Aquitanien zog und bei der Gründung eines Augustinerchorherrenstiftes in Talmond auch über Besitzungen verfügte, die zu ihrem Wittum zählten. Wahrscheinlich zog sie sich nach Fontevrault zurück, da die einzige Nachricht aus dieser Zeit vermeldet, sie habe zusammen mit dem Seneschall von Anjou in Saumur den Vorsitz bei einem Gericht geführt, auf dem eine Angelegenheit zugunsten der Abtei entschieden wurde. Erst die Ereignisse von Messina sollten Eleonore veranlassen, erneut in das politische Geschehen einzugreifen.

Richard war am 4. Juli 1190 zusammen mit Philipp II. August in bestem Einvernehmen zum Kreuzzug aufgebrochen. In Lyon, wo die Rhônebrücke unter der Last seines Trosses zusammenbrach, bestätigte er noch eine Schenkung seiner Mutter zugunsten der Johanniter, denen sie bei La Rochelle Ländereien zum Bau eines Ordenshauses übertragen hatte. Nach seiner Ankunft in Sizilien forderte er zunächst die Freilassung seiner Schwester Johanna, die seit dem Tod ihres Gatten, König Wilhelms II. (18.11.1189), gefangengehalten wurde. Nach intensiven Verhandlungen, denen Richard unter anderem durch die Eroberung Messinas Nachdruck verlieh, wurde die Zahlung von 40 000 Goldunzen zur Abgeltung ihres Wittums und anderer Verpflichtungen verabredet sowie die Heirat der Tochter des sizilischen Königs, Tankred von Lecce, mit Richards Neffen, Arthur von der Bretagne. Dieser wurde von Richard im Falle seines kinderlosen Todes ausdrücklich als Nachfolger anerkannt. Zudem versprach er Tankred Hilfe gegen jeden Eindringling, womit nur Kaiser Heinrich VI. gemeint sein konnte, der über seine Gattin Konstanze von Sizilien und aufgrund des *„antiquum* *ius imperii*" Ansprüche auf die Nachfolge im sizilischen Reich geltend machte. Der Vertrag enthielt allerdings die Klausel, dass Richard nur, solange er sich in Sizilien aufhalte, zur Hilfeleistung verpflichtet sei. Am 6. November wurde der Kanzler Wilhelm Longchamp vom Vertrag in Kenntnis gesetzt, am 11. November wandte sich Richard an Papst Clemens III. mit der Bitte, für dessen Durchführung Sorge zu tragen. Etwa um diese Zeit erfuhr auch Johann, dass Richard Arthur von der Bretagne als Erben eingesetzt hatte.

Da durch diese Entwicklung das Nachfolgerecht ihres jüngsten Sohnes ernsthaft in Frage gestellt wurde, muss sich Eleonore zum Handeln entschlossen haben. Anders als Philipp II. August hatte Richard in seiner Abwesenheit die Regentschaft nicht seiner Mutter anvertraut, sondern einem Regentschaftsrat, an dessen Spitze mit Wilhelm Longchamp ein ihm absolut ergebener Kanzler stand. Noch vor seiner Abreise hatte er von Clemens III. die Ernennung seines Vertrauten zum päpstlichen Legaten für die britischen Inseln und Teile Irlands gegen eine hohe Geldzahlung erreicht. Zwar war es Wilhelm Longchamp entgegen den Anordnungen des Königs bis zum Herbst gelungen, seine Mitregenten auszuschalten, doch suchte er loyal, die von Richard erhaltenen Instruktionen auszuführen. Nachdem er vom Inhalt des Vertrages von Messina in Kenntnis gesetzt worden war, schickte er seine beiden Brüder zu König Wilhelm von Schottland, um diesen dazu zu bewegen, Arthur als Thronfolger anzuerkennen.

Eleonore lehnte diese Regelung gänzlich ab. Nicht nur, dass im aquitanischen Erbrecht die Brüder Vorrang vor den Kindern verstorbener Söhne hatten – wie sich sowohl am Beispiel der Herzöge von Aquitanien wie auch der Herren von Thouars zeigen lässt –, durch eine Thronfolge Arthurs wäre Eleonore auch politisch kaltgestellt worden, da dann dessen Mutter, Konstanze von der Bretagne, die Regentschaft für den erst dreijährigen Arthur zugefallen wäre. Deshalb beschloss sie, Richard seine Braut Berengaria von Navarra sofort zuzuführen. Bestand doch nur durch eine baldige Eheschließung die Aussicht, dass Richard eigene Nachkommen bekommen würde. Daneben strebte sie aber auch die Ablösung des

Wilhelm Longchamp an, der so offensichtlich die Nachfolge des unmündigen Arthur der ihres Sohnes Johann vorgezogen hätte.

Von Pamplona aus trat Eleonore im Dezember mit Berengaria von Navarra eine Reise an, über deren Umstände nur wenig bekannt ist. Mit einem großen Gefolge von Rittern, die ihnen Berengarias Vater Sancho VI. mitgab, zogen die beiden Frauen auf der Via Domitiana bis zu den Alpen, die sie am Paß des Mont Genèvres überquerten, um am 20. Januar südlich von Mailand in Lodi mit Heinrich VI. zusammenzutreffen, der nach Rom zur Kaiserkrönung zog. Über den Inhalt ihrer Gespräche mit dem Staufer ist nichts bekannt. Versuchte Eleonore, ihn zur Neutralität in einem durch den Bruch des Heiratsversprechens bedingten Streit zwischen Richard I. und Philipp II. August zu bewegen? Oder lag ihr vor allem daran, ihn hinsichtlich der Abmachungen von Messina zu beruhigen und die baldige Abreise Richards aus Sizilien in Aussicht zu stellen?

Tankred muss sehr wohl gewußt haben, wie sehr Eleonores Reise und ihr Zusammentreffen mit Heinrich VI. seinen eigenen Plänen abträglich waren. Zudem gefährdete eine Heirat Richards noch vor dem Kreuzzug die Erbansprüche des Bräutigams seiner eigenen Tochter, Arthur von der Bretagne. Als Eleonore schließlich mit Berengaria in Neapel eintraf, verweigerte er ihr mit fadenscheinigen Gründen – angeblich war ihr Gefolge zu groß – die Weiterfahrt nach Messina. Die von Richard zu ihrem Empfang abgesandten Galeeren kehrten nur mit Philipp von Flandern zurück, der die Frauen seit Lodi begleitet hatte, während diese von Tankred nach Brindisi gebracht wurden. Erst nach mehrtägigen Verhandlungen gelang es Richard, Tankreds Bedenken zu zerstreuen. Da durch seine bevorstehende Abreise die versprochene Waffenhilfe hinfällig wurde, überreichte er ihm zum Zeichen dafür, dass er ihm den Sieg wünschte, das Schwert Königs Artus', Excalibur, das nicht lange zuvor bei der Entdeckung von Artus' Grab in der Abtei Glastonbury gefunden worden war.

Problematisch war nur noch die Einigung mit Philipp II. August. Angesichts der Tatsache, dass Berengaria in Brindisi auf die Gesandten ihres künftigen Gatten wartete, erklärte Richard nun in aller Form, dass er Alice nie heiraten würde, da sie die Geliebte seines Vaters gewesen sei und diesem ein Kind geschenkt habe. Er betonte, dass es dafür viele Zeugen gäbe. Philipp blieb nichts anderes übrig, als in die Lösung des Verlöbnisses einzuwilligen. Am Tag (30. März), an dem Berengaria und Eleonore in Messina eintrafen, ließ er Segel setzen.

Trotz der Anstrengungen der über viermonatigen Reise, und obwohl sie ihre Tochter Johanna zum ersten Mal seit fünfzehn Jahren wiedersah, verließ Eleonore Messina bereits drei Tage später. In Begleitung des Erzbischofs von Rouen erreichte sie auf dem Seeweg in weiteren drei Tagen Salerno. Etwa eine Woche später traf die Reisegesellschaft in Rom ein, wo am Ostersonntag Cölestin III. zum Papst und am Ostermontag Heinrich VI. mit seiner Gattin Konstanze zum Kaiser gekrönt wurden. In „Geschäften des Königs" hielt sich Eleonore einige Zeit in Rom auf und musste für die Kosten ihres Aufenthalts Geld bei römischen Kaufleuten leihen. Bekannt ist nur, dass sie vom Papst eine Dispens erbat, um die Weihe Gottfrieds zum Erzbischof von York von einem beliebigen Bischof durchführen lassen zu können. Der sie begleitende Erzbischof von Rouen suchte dagegen um eine Lösung von seinem Kreuzzugsgelübde nach. Beide Maßnahmen waren als Einschränkung der Machtfülle des Kanzlers Wilhelm Longchamp gedacht.

So verführerisch es auch sein mag, in Eleonore „eine Meisterin des hohen politischen Spiels" (P. Rassow) zu sehen, die in diesen Monaten alle Fäden der europäischen Politik in ihrer Hand hielt, so wenige Belege finden sich dafür in den Quellen. Intervenierte sie wirklich beim Papst zugunsten einer Auflösung des Eheversprechens zwischen ihrer Enkelin Berengaria von Kastilien und dem Staufer Konrad von Rothenburg, um die Stellung der Staufer in Europa zu schwächen? Wollte sie angesichts der drohenden Konfrontation mit Frankreich tatsächlich alle Kräfte in Europa auf seiten Englands sammeln? Stand sie hinter dem Privileg Cölestins III. für die Welfen, um durch einen Aufstand in Sachsen die Aufmerksamkeit Heinrichs VI. von Sizilien abzuziehen? Belegt ist einzig, dass sie beim Papst in rein englischen Angelegenheiten vorsprach und ihrem Sohn die Braut zuführte.

Während Eleonore noch in Rom weilte, heiratete Richard in Limassol auf Zypern Berengaria von Navarra, von der die Chronisten sagten, sie sei „klüger als schön“ gewesen, und ließ sie zur Königin von England krönen. Als Morgengabe übertrug er ihr die Gascogne. Sie sollte ihr nur bis zum Tod Eleonores zustehen, weil sie dann ja bekanntermaßen an Kastilien fallen sollte. Die Ehe war nicht mit Kindern gesegnet, obwohl eine Quelle berichtet, „der König habe sie sehr geliebt, seit er Graf von Poitou gewesen sei“. Berengaria überlebte ihn um mehr als dreißig Jahre und führte nach einem jahrelangen Kampf um die Herausgabe ihres Wittums ein zurückgezogenes Leben in Le Mans. Dort wurde sie in der von ihr gegründeten Zisterzienserabtei Notre-Dame de l'Épau beigesetzt.

Eleonore kehrte Mitte Juni 1191 zusammen mit dem Erzbischof von Rouen in die Normandie zurück. An Weihnachten hielt sie Hof in Bonneville-sur-Touques. Der Erzbischof, der mit weitreichenden Vollmachten Richards ausgestattet war, setzte sofort nach England über und berief auf den 28. Juli eine Versammlung der Anhänger Longchamps und Johann Ohnelands nach Winchester ein. Dem Kanzler wurde das Versprechen abgepresst, sich einer Nachfolge Johanns im Falle von Richards Tod nicht zu widersetzen. Einige Monate später wurde er wegen vielfältiger Übergriffe abgesetzt. An seiner Stelle wurde der von Eleonore zurückgeholte Erzbischof von Rouen zum obersten Justiziar ernannt und Johann zum Statthalter des Reiches *(rector totius regni)* bestimmt. Eleonore hatte damit das Ziel ihrer Reise nach Messina erreicht und, im Fall von Richards Tod, ihrem jüngsten Sohn Johann die Thronfolge gesichert.

Leider sollte sich dies in den folgenden Monaten als zweischneidiges Schwert erweisen. Philipp II. August konnte die Schmach nicht vergessen, die Richard ihm und seinem Haus in Messina angetan hatte. Nach seiner vorzeitigen Rückkehr aus dem Heiligen Land versuchte er, Johann gegen seinen Bruder aufzuhetzen. Er bot ihm zusammen mit der Hand seiner Schwester Alice den Festlandsbesitz der Plantagenet als Lehen an. Eleonore beeilte sich daraufhin, sofort den Ärmelkanal zu überqueren, und landete am 11. Februar 1192 in Portsmouth. Sie setzte alles daran, Johann davon abzubringen, auf Philipps Plan einzugehen. Sie berief vier Versammlungen des königlichen Rates in Windsor, Oxford, London und Winchester ein und überzeugte schließlich ihren Sohn, dass jedes Übersetzen in die Normandie augenblicklich die Konfiszierung seiner englischen Besitzungen zur Folge haben würde. Trotz ihrer Bemühungen kam es jedoch zu keiner Einigung zwischen Erzbischof Walter von Rouen und Wilhelm Longchamp. Als letzterer angeblich versuchte, mit Johann gemeinsame Sache zu machen, musste er England am 3. April erneut verlassen.

Richard hatte inzwischen von den Umtrieben Johann Ohnelands erfahren. Nach der Eroberung von Akkon (12. Juli 1191) und der Abreise Philipps II. August (3. Aug. 1191) hatte er in der Schlacht von Asruf (7. Sept. 1191) einen glänzenden Sieg über Saladin errungen. Nun versuchte er, die Verhältnisse im Königreich Jerusalem, das „nach Erbrecht" dem Haus Anjou zustand – sein Urgroßvater Fulko von Anjou war aufgrund seiner Heirat mit Melisende von Jerusalem König dieses Reiches geworden –, soweit wie möglich zu ordnen. Zeitweise war sogar die Rede von einer Hochzeit seiner Schwester Johanna mit Saladins Bruder al-Adil. Ob der Plan am Widerstand Johannas oder der nicht erteilten Dispens Papst Cölestins III. scheiterte, ist nicht auszumachen. Jedenfalls schloss Richard noch vor seiner Abreise am 9. Oktober 1192 einen Vertrag mit Saladin, der den christlichen Pilgern den freien Zugang zur Heiligen Stadt sicherte.

Während Eleonore in England ungeduldig seine Rückkehr erwartete, erlitt Richard Schiffbruch an der Küste zwischen Venedig und Aquileia. Mit nur wenigen Begleitern versuchte er, das Gebiet Herzog Leopolds V. von Österreich zu durchqueren, mit dem er seit Streitigkeiten vor Akkon verfeindet war. In der Nähe von Wien wurde er erkannt und auf Burg Dürnstein an der Donau gefangengesetzt, bis ihn Herzog Leopold Kaiser Heinrich VI. übergab. Eiligst setzte man Philipp II. August von seiner Gefangennahme in Kenntnis. Dieser informierte noch im Januar 1193 Johann Ohneland, der seine Chance gekommen sah. Trotz des bestehenden Verbotes, England zu verlassen, setzte er sogleich in die Normandie über. Als sich der normannische Adel weigerte, ihm unter diesen Umständen als neuem Herzog zu huldigen, reiste er weiter nach Paris. Dort leistete er Philipp II. den Lehnseid für die Normandie und die übrigen Festlandsbesitzungen und erklärte sich zur Heirat mit Alice bereit.

Auch in England hatte sich inzwischen die Nachricht von Richards Gefangennahme verbreitet. Auf einem Treffen des Großen Rates am 28. Februar in Oxford wurde beschlossen, dass alle Getreuen in England Richard den Treueid erneuern sollten. „Auf Befehl der Königin Eleonore, die damals England regierte", griffen Ritter und Bauern zu den Waffen, um die Südostküste Englands abzuschirmen, da man eine Landung der Anhänger Johann Ohnelands befürchtete. Diese Maßnahme erwies sich als sehr effektiv. Johann kehrte heimlich nach England zurück, um walisische Söldner anzuwerben und das Gerücht von Richards Tod zu verbreiten. Vergeblich versuchte er, den schottischen König auf seine Seite zu ziehen. Seine Bestrebungen, von den Justiziaren als König anerkannt zu werden, scheiterten an Eleonores energischem Widerstand. Kurz nach Ostern wurden die Forderungen des deutschen Kaisers bekannt – Richard sollte gegen die Zahlung von 100 000 Silbermark freigelassen werden. Je ein Viertel der Summe sollte dem Kaiser und Herzog Leopold zustehen, eine Hälfte war als Mitgift für Eleonore von der Bretagne, die ältere Schwester Arthurs, gedacht, die als Braut für einen Sohn des österreichischen Herzogs bestimmt wurde. Weitere Forderungen, wie die Stellung von Galeeren und Rittern zur Führung eines Sizilienfeldzuges, wurden später fallengelassen. Ende April traf ein Schreiben Richards in England ein, das alle seine Getreuen aufforderte, Geld für seine Befreiung zu sammeln und „Königin Eleonore, seiner liebsten Mutter", anzuvertrauen. Johann erklärte sich zum Abschluss eines Waffenstillstands bis Allerheiligen bereit und zur Übergabe einiger seiner Burgen an Eleonore. Diese, die sich „in ira dei", im Zorne Gottes, Königin von England, Herzogin von der Normandie und Gräfin von Anjou betitelte, wandte sich nun in drei von ihrem Sekretär Peter von Blois verfassten Schreiben an Cölestin III. Sie beklagte in bitteren Worten die Untätigkeit des Papstes, der keinen einzigen Boten, keinen Kardinal, ja noch nicht einmal den geringsten seiner Diener zum Kaiser geschickt habe, um die Befreiung ihres Sohnes zu erwirken. War denn Richard nicht ein Kreuzfahrer und stand er nicht als solcher unter dem Schutz der Kirche? Hatten nicht die englischen Könige treu zu Alexander III. gehalten, gegen Kaiser und Gegenpapst? Leidenschaftlich und anklagend zugleich sprach Eleonore von ihrem Schmerz, der ihr fast den Verstand raube.

Währenddessen waren überall im Reich von Yorkshire bis Limoges die königlichen Beamten damit beschäftigt, von Adel und Geistlichkeit, von Zisterziensern und armen Pächtern, Geld für die immense Lösegeldsumme einzutreiben. Klöster und Kathedralen spendeten goldenes Messgerät. Ein vom Kloster Bury St. Edmund's gestifteter goldener Kelch – ein Geschenk Heinrichs II. – wurde von Eleonore ausgelöst und den Mönchen zurückgegeben. In England wurde das Geld nach London gebracht und in der Kathedrale St. Paul aufbewahrt. Die Kisten trugen die Siegel Eleonores und des Erzbischofs von Rouen. Als der Großteil des Lösegeldes zusammengebracht war, begaben sich beide mit großem Gefolge nach Speyer, um mit Richard zusammen das Weihnachtsfest zu feiern. Der ebenfalls anwesende Kaiser verkündete dabei seine Absicht, Richard am 24. Januar zum „König der Provence" zu krönen (Roger von Hoveden), ein Plan, der Richard in seinem Kampf gegen Raimund von Toulouse entgegenkam. Während man auf die Ankunft der Geiseln wartete und Heinrich VI. den Tag der Freilassung Richards zuerst auf den 17. Januar festsetzte, um ihn dann doch bis Lichtmess hinauszuschieben, versuchten Philipp II. August und Johann Ohneland alles, um die Gefangenschaft Richards durch die Zahlung einer gleich hohen Summe zu verlängern. Nur der Widerstand der mit Richard verbündeten niederrheinischen Fürsten vereitelte diesen Plan. War der Besuch Eleonores in Köln am Dreikönigstag zu Verhandlungen mit diesen Fürsten bestimmt gewesen?

Am 2. Februar kam es in Gegenwart Eleonores zu einem Treffen zwischen dem englischen König und dem deutschen Kaiser in Mainz. Heinrich VI. setzte Richard nun von den Angeboten des französischen Königs und seines Bruders in Kenntnis. Auf Rat Eleonores soll ihm Richard daraufhin angeboten haben, England von ihm zu Lehen zu nehmen und jährliche Tributzahlungen in Höhe von 5 000 Pfund zu leisten. Nach zweitägigen Verhandlungen wurde eine Einigung erzielt. Richard musste die Zahlung weiterer 50 000 Silbermark versprechen und als Garantie 67 Geiseln stellen, darunter seinen Kanzler Wilhelm Longchamp, Erzbischof Walter von Rouen sowie die Welfen Otto und Wilhelm und Berengarias Bruder, Ferdinand von Navarra. Eleonore hatte sich zunächst geweigert, auch ihren zehnjährigen Enkel Wilhelm, der ihr lieb war, unter die Geiseln aufnehmen zu lassen.

Über Köln und Löwen zog sie mit Richard nach Antwerpen. Verschiedenen niederrheinischen Fürsten wie auch den Erzbischöfen von Mainz und Köln wurden dabei Rentlehen angeboten und so ein weitverzweigtes Bündnisnetz geknüpft. Am 13. März 1194 betrat Richard nach einer Abwesenheit von über vier Jahren in Sandwich englischen Boden. Ende März ergab sich mit Nottingham Johanns letzte Festung dem König. Dieser hielt dort wenige Tage später einen glänzenden Hoftag, bei dem Eleonore an seiner Seite thronte. Richard erhob Anklage gegen seinen Bruder, der sich mit dem König von Frankreich gegen ihn verbündet, seine Burgen besetzt und seinen Treueid verletzt habe. Erschiene er nicht innerhalb von vierzig Tagen vor dem Königsgericht, so werde er aller Ansprüche auf die Thronfolge verlustig gehen.

Am Palmsonntag, den 3. April 1194, war Eleonore beim Treffen Richards mit König Wilhelm von Schottland anwesend, der ihm während seiner Abwesenheit die Treue gehalten hatte. Am Weißen Sonntag ließ sich Richard in Winchester zum zweitenmal festlich krönen, „um die Schmach der Gefangenschaft“ abzuwaschen. Eleonore wohnte dieser feierlichen Zeremonie zusammen mit ihren Damen auf einer Tribüne im Nordflügel der Kathedrale bei. Nur die beiden Brüder des Königs, Erzbischof Gottfried von York und Johann Ohneland, fehlten ebenso wie Königin Berengaria. Besonders ausgezeichnet wurde Graf Ranulf von Chester, der zweite Gemahl der Konstanze von der Bretagne. Zusammen mit Richards

Onkel, Graf Hamelin, und König Wilhelm IV. von Schottland, zählte Ranulf in der Krönungszeremonie zu den Schwertträgern, ein Zeichen dafür, dass Richard erneut daran dachte, Arthur zu seinem Erben einzusetzen. Wiederum tat Eleonore alles, um ihn mit seinem Bruder auszusöhnen, der sich ihm schließlich, seine Verzeihung erflehend, zu Füßen warf. Richard gab ihm daraufhin die Grafschaften Mortain und Gloucester zurück – allerdings ohne die dazugehörigen Burgen – und sicherte ihm eine jährliche Pension von 8000 angevinischen Pfund zu.

Johann sollte sich in den folgenden Jahren bis zu Richards frühem Tod loyal verhalten. Im August durfte auch die nun 35jährige Alice an den französischen Hof zurückkehren, den sie im Alter von neun Jahren verlassen hatte. Sie wurde unmittelbar darauf mit dem Grafen von Ponthieu verheiratet, dem sie eine Tochter schenkte, die den kastilischen König Ferdinand III., den Heiligen, einen Urenkel Eleonores, heiraten sollte.

Mit der Aussöhnung ihrer Söhne war Eleonores Aufgabe beendet. Sie zog sich in die Stille des Klosters von Fontevrault zurück. Um ihre Sicherheit wie auch um die des Klosters besorgt, ließ sie es mit einer festen Mauer umgeben. Allerdings lebte sie – wie auch andere adlige Damen vor ihr – dort nicht als Nonne, sondern behielt ihren Haushalt mit verschiedenen Klerikern und Kaplänen sowie einem Koch und Dienerinnen bei. Verschiedentlich kamen auch Bittsteller, wie die Mönche von Reading oder von Christ Church in Canterbury, nach Fontevrault, um ihre Fürsprache beim König zu erbitten. Aquitanien scheint sie in diesen Jahren nicht besucht zu haben.

Richard aber ging seit 1194 eigene Wege. Wenn auch der Umsturz aller Bündnissysteme im Jahr 1196 Eleonores Interessen in Aquitanien aufs innigste berührte, ist von ihrer Mitwirkung nichts in den Quellen vermerkt. Um die Hände im Norden gegen Philipp II. August frei zu haben, schloss Richard Frieden mit Raimund VI. von Toulouse und gab ihm seine Schwester Johanna zur Frau. Die Grafschaft Poitou übertrug er seinem Neffen Otto, dem Sohn seiner Schwester Mathilde und Heinrichs des Löwen. Obwohl diese

Lösung Aquitaniens vom englischen Königtum gewiß den Beifall Eleonores fand, ist ihre Zustimmung nirgends erwähnt. Sie hielt sich vorwiegend in der Grafschaft Anjou auf, wo ihre Gegenwart außer in Fontevrault auch in Saumur und Chinon bezeugt ist.

Nur einmal versuchte sie in dieser Zeit, in das politische Geschehen einzugreifen. Da sich Richard 1198 trotz Ermahnungen des päpstlichen Legaten weigerte, den in seine Hand gefallenen kriegerischen Bischof Philipp von Beauvais freizulassen, begab sie sich nach Rouen. Als der Bischof jedoch auf dem Weg zu einer Unterredung mit ihr versuchte, in einer Kirche Asyl zu suchen, ließ ihn Richard entgegen ihren Wünschen in Chinon in noch strengerer Haft halten. Erst 1199 sollte Johann Ohneland seiner Freilassung zustimmen.

In diesen Jahren erhielt sie auch Nachricht vom Tod ihrer beiden Töchter aus erster Ehe: Marie und Alice, die 1164 die beiden Brüder Heinrich von der Champagne und Theobald V. von Blois-Chartres geheiratet hatten. Marie starb am 11. März 1198 in Fontaines-les-Nonnes, dessen Nonnen nach der Regel von Fontevrault lebten. Sie war ihrer Mutter wohl am ähnlichsten gewesen. Nach dem frühen Tod ihres Gatten – er starb 1181 nur sieben Tage, nachdem er aus türkischer Gefangenschaft zurückgekehrt war – führte sie bis 1187 die Regentschaft für ihren minderjährigen Sohn Heinrich. Als dieser 1190 mit Richard Löwenherz ins Heilige Land zog, um mit dessen Hilfe die Hand der Erbtochter des Königreichs Jerusalem zu erlangen, übernahm Marie erneut die Regentschaft. Erhalten sind über 200 Urkunden, die in ihrem Namen und im Namen ihres Sohnes ausgestellt wurden. Eines der Lieder, die Richard Löwenherz während seiner Gefangenschaft in Deutschland verfasste, soll ihr gewidmet gewesen sein.

Alice starb um dieselbe Zeit. Sie war sehr gebildet. Von ihren beiden Töchtern wurde Alice Äbtissin von Fontevrault (1210–1218), während Margarete in zweiter Ehe Barbarossas Sohn Otto von Burgund heiratete. Ob Eleonore sie und ihre Schwester Marie je wiedersah, ist aus den Quellen nicht ersichtlich. Dagegen stand ihr ihre

Enkelin Alice, die schon als Kind in das Kloster Fontevrault eingetreten war, so nahe, dass sie ihr 1199 eine Rente aussetzte.

In England versuchte Eleonore ihren Einfluss zugunsten von Johann Ohneland erst wieder geltend zu machen, als Richard bereits auf dem Sterbebett lag. 1195 war Richards letzte Hoffnung, von Berengaria den ersehnten Thronfolger zu bekommen, gescheitert. Ein Jahr später hatte er erkennen müssen, dass Arthur von der Bretagne, den seine Berater an den Hof Philipps II. August zur Erziehung brachten, seinem Zugriff entzogen war. Fraglich ist, ob er versucht hat, seinen Neffen Otto von Braunschweig als Nachfolger aufzubauen. Sah er nur deshalb davon ab, weil es diesem dank seiner Unterstützung gelungen war, 1198 zum deutschen König gewählt zu werden? Jedenfalls setzte er Otto zum Erben seiner persönlichen Schätze ein und verlieh ihm das Wappen, das er selbst seit 1195 führte.

Im März 1199 war Richard wie so oft damit beschäftigt, in Aquitanien einen Aufstand der Vizegrafen von Limoges und des Grafen von Angoulême niederzuschlagen. In der Nähe von Limoges, bei der Burg Châlus-Chabrol, ereilte ihn sein Schicksal. Ein Armbrustschütze traf ihn in die Schulter. Obwohl die Wunde sofort von einem Chirurgen versorgt wurde, stellte sich Wundbrand ein. Als Richard sein Ende nahen fühlte, schickte er Boten mit einem Brief zu Eleonore nach Fontevrault.

Der Sohn, der ihrem Herzen am nächsten gestanden hatte, sollte als einziger in ihren Armen sterben. Am 7. April 1199 machte sie sich mit ihrem Gefolge auf, um ihn nach Fontevrault zu holen, wo er auf eigenen Wunsch zu Füßen des Vaters begraben wurde, dessen Bestattung er unbewegt beigewohnt hatte. Eleonore aber sollte keine Zeit bleiben, sich ihrer Trauer hinzugeben. Sie musste sich aufmachen, um dem letzten ihrer Nestlinge, dem nun 32 Jahre alten Johann Ohneland, die Krone zu sichern.

Herzogin von Aquitanien

Mit dem unerwarteten Tod Richards stellte sich erneut die Frage nach der Nachfolge in den umfangreichen Besitzungen der Plantagenet. Die Rechtslage war nach wie vor nicht eindeutig. Sollte der Bruder des Königs folgen oder der Sohn des verstorbenen älteren Bruders? Roger von Hoveden berichtet in seiner Chronik, Richard habe noch auf dem Totenbett Johann als seinen Erben bezeichnet und die Anwesenden verpflichtet, ihm Treue zu geloben. Diese Regelung war ganz im Sinne Eleonores, die zwei Wochen später in Fontevrault in einer Seelgerätstiftung zugunsten Richards von dem Vertrauen sprach, das dieser auf seinem Totenbett in sie gesetzt habe. Bei ihr befanden sich zu dieser Zeit außer Johann Ohneland die verwitwete Gattin ihres Sohnes Berengaria, ihre Enkelin Mathilde, Gräfin von Perche, sowie der päpstliche Legat, Petrus Capuanus, der sich weiterhin um einen Ausgleich zwischen den Königen von England und Frankreich bemühte.

Johann, der jüngste und letzte Sohn Eleonores, war im Gegensatz zu seinen Brüdern nur selten mit seiner Mutter zusammengetroffen. Nach seiner Geburt am Weihnachtstag 1166 in Oxford war er einer Amme anvertraut worden, bevor er zusammen mit seiner um ein Jahr älteren Schwester Johanna der Obhut der Nonnen von Fontevrault übergeben worden war. Im Juli 1174 hatte Heinrich seine beiden jüngsten Kinder mit nach England genommen. Nachdem er Johann zunächst in dem lebenslustigen, ritterlichen Idealen verhafteten Haushalt seines ältesten Bruders Heinrich untergebracht hatte, vertraute er ihn 1182 seinem Justiziar Ranulf von Glanvill an, damit er Kenntnisse in der königlichen Verwaltung erwerbe.

Anders als seinen Brüdern war Johann keine eigene Herrschaft zugewiesen worden. Entsprechenden Versuchen Heinrichs II. hatten sich die älteren Brüder seit 1173 immer widersetzt. Nach Richards Weigerung, Aquitanien an Johann abzutreten, war der junge Prinz am 31. März 1185 auf Schloss Windsor zum Ritter geschlagen und zum Herrn über Irland gemacht worden, ein Titel, den er noch als König führen sollte. Leider gelang es ihm nicht, dort seiner Herrschaft auf einem Feldzug Anerkennung zu verschaffen – die jungen normannischen Adligen, die ihn begleiteten, verspotteten die hinterwäldlerischen, bärtigen Klanchefs der Iren, die daraufhin jede Zusammenarbeit verweigerten. Als nach dem Tod König Amalrichs II. von Jerusalem Heinrich II. die Nachfolge im Königreich angetragen wurde, warf sich ihm Johann mit der Bitte zu Füßen, an seiner Statt gehen zu dürfen. Aber vergeblich. Auch Richard hatte seinem Bruder keine der traditionellen Erblande des Hauses Anjou als selbständige Herrschaft zugewiesen, sodass er bei dessen Tod den Namen „ohne Land" noch immer zu Recht trug.

Der Adel der Bretagne sowie der Grafschaften Anjou, Maine und Touraine hatte bereits 12 Tage nach Richards Tod, zu Ostern 1199, in Übereinstimmung mit den dortigen Rechtsgewohnheiten, Arthur von der Bretagne als Erben Richards anerkannt. Arthur, dessen Name programmatische Bedeutung für die Wiedergewinnung der Unabhängigkeit der Bretagne haben sollte, war der Sohn der Konstanze, Erbtochter Herzog Conans IV. von der Bretagne. Bereits im Kindesalter mit Eleonores viertem Sohn Gottfried verlobt (1166), hatte Konstanze erleben müssen, wie Heinrich II. ihren Vater gestürzt und die Herrschaft in der Bretagne selbst übernommen hatte. Ihre Tochter Eleonore war im Alter von zwei Jahren aufgrund ihrer Erbansprüche an den englischen Hof gebracht worden, um dort – nach einigen vergeblichen Versuchen, sie zum Vorteil des angevinischen Hauses zu verheiraten – ihr Leben im Alter von 57 Jahren zu beschließen. Konstanze selbst war 1189 von Heinrich II. zur Ehe mit Graf Ranulf III. von Chester gezwungen worden, der sie von 1196 bis 1198 auf einer seiner Burgen in der Normandie gefangenhielt. Als Gegenspielerin Eleonores versuchte sie nun, ihrem Sohn Arthur, der seit 1196 am Hof Philipps II. August erzogen wurde, das Erbe seines Vaters und Onkels zu sichern. Arthur bezeichnete sich an Ostern als Herzog von der Bretagne und Graf von Anjou. Bald darauf eilte ihm auch der französische König zur Durchsetzung seines Anspruchs mit einem Heer zu Hilfe. Im August nahm Arthur seine Besitzungen von Philipp II. zu Lehen.

Als Richard starb, weilte Johann Ohneland gerade in der Bretagne. Er begab sich sofort nach Chinon, um den dort lagernden Königsschatz sicherzustellen. Dank der letzten Anweisungen Richards konnte er nicht nur auf die bedingungslose Unterstützung seiner Mutter bauen, sondern auch auf die Treue von dessen Söldnern und Getreuen. Am Weißen Sonntag wurde er in Rouen von Erzbischof Walter, der einst mit Eleonore von Messina nach England zurückgekehrt war, mit dem Schwert der Herzöge der Normandie gegürtet und mit einer Krone aus goldenen Rosen gekrönt. Kurz darauf setzte er nach England über und wurde nur einen Monat später in Westminster zum König gekrönt. Wie umstritten die Rechtslage war, zeigt die Reaktion des Erzbischofs von Canterbury, der noch in seiner Predigt das Recht der Großen des Reiches betonte, aus der Herrscherfamilie einen geeigneten Kandidaten für den Thron auszuwählen.

Eleonore hatte keine Zeit, den Krönungsfeierlichkeiten beizuwohnen. Wie sie einst Richard die Nachfolge in England gesichert hatte, so suchte sie nun den Festlandsbesitz der Plantagenet für ihren jüngsten Sohn zu erhalten. Zunächst machte sie sich daran, die Grafschaften Maine und Anjou für Johann zurückzugewinnen. Sie war zugegen, als im Anjou die Söldner Mercadiers, der in Richards Diensten gestanden hatte, Häuser zerstörten, plünderten und Anhänger Arthurs gefangennahmen. Unterstützung fand sie dabei von den Vizegrafen von Thouars, deren Ländereien die Grenze zwischen Aquitanien und der Grafschaft Anjou sicherten und die beide beim Begräbnis Richards anwesend waren. Aimerich von Thouars wurde unmittelbar darauf von Johann mit der Verteidigung der Burg Chinon betraut sowie zum Seneschall des Anjou und der Touraine ernannt.

Im Anschluss an die Kampagne gegen die Anhänger Arthurs in der Grafschaft Anjou zog die greise Königin erstmals seit dem Aufstand des Jahres 1173 wieder durch alle Regionen ihres Herzogtums und sicherte sich die Treue des Adels wie auch der Städte. Zwar waren viele der Gefährten ihrer früheren Jahre nicht mehr am Leben, aber der durch Familienbande ihrem Haus verpflichtete Adel fand sich sogleich wieder an Eleonores Hof ein: die Vizegrafen von Thouars und Châtellerault, die Herren von Chauvigny, de Faye, Mauléon und Surgères.

Vier Tage nach Johanns Krönung in der Normandie traf sie in Loudun, in der Nähe von Châtellerault, mit Raoul von Mauléon zusammen, dem sie für Dienste, die er ihr und ihrem Sohn Johann leisten sollte, die Burg Talmond – eines der Lieblingsjagdschlösser Richards – restituierte. Diese Burg war seiner Familie einst von Ludwig VII. übertragen, dann aber von Richard Löwenherz konfisziert worden. Wilhelm Maingot III. erhielt die Herrschaft Surgères, Hugo I. von Parthenay wurde seine Burg Secondigny zurückgegeben, die ihm Richard einst abgenommen hatte. Wie nach dem Tod Heinrichs II. in England erstattete sie nun auch in Aquitanien konfiszierte Besitzungen zurück und betonte ausdrücklich, alle schlechten Gewohnheiten abschaffen zu wollen, die seit dem Tag ihrer Hochzeit mit Heinrich II. eingerissen seien. Mit dem Tod Richards war sie die einzige Herzogin von Aquitanien, sodass sie an die Zeit nach ihrer Scheidung von Ludwig VII. anknüpfen konnte.

Eleonore begab sich zunächst in die alte Herzogsstadt Poitiers, wo sich auch die Lusignan mit ihren Gefolgsleuten einfanden. Sowohl Gottfried als auch Hugo IX. von Lusignan und ihr Bruder Graf Radulf von Eu, die seit dem Kreuzzug zu den treuesten Anhängern Richards in Aquitanien gezählt hatten, hielten sich fortan häufig in ihrer Umgebung auf. Verschiedene Klöster – Montierneuf, Sablonceaux, Fontaine-le-Comte und Sainte-Croix de Montreuil – nutzten die Gelegenheit, um von Eleonore eine Bestätigung ihrer Privilegien und Besitzungen zu erhalten. Sie selbst bemühte sich in Schenkungen zugunsten von Fontevrault um die Versorgung ihres Kapellans Roger und ihrer Enkelin Alice von Blois.

Von Poitiers ging es weiter südwestlich nach Niort, einem bedeutenden Umschlagplatz für den Fernhandel mit Spanien, England und Flandern. Hier gewährte sie erstmals einer Stadt das Recht zur Bildung einer Kommune, einer Schwurgemeinschaft der Bürger. Sie ging damit einen Schritt weiter als Heinrich II., der den aquitanischen Städten – mit Ausnahme von La Rochelle – meist nur bestimmte Freiheiten, nicht aber das Recht der Schwureinung zugestanden hatte. Teilweise knüpfte sie bewusst, wie in Poitiers und Niort, an Privilegien aquitanischer Herzöge an, teilweise bestätigte, erneuerte und erweiterte sie Privilegien Heinrichs II., Richard Löwenherz' oder Ottos von Braunschweig, dem Sohn ihrer Tochter Mathilde, den Richard 1196 als Herzog von Aquitanien eingesetzt hatte. Dabei betonte sie ausdrücklich, dass die Städte durch die Bildung einer Kommune in den Stand gesetzt werden sollten, sich selbst wie auch ihre Rechte – und die Rechte ihrer Herzogin und deren Nachfolger – zu verteidigen. Mit Poitiers, Saintes und Angoulême privilegierte sie Städte, denen eine Schlüsselstellung für ihre Herrschaft im Poitou, der Saintonge und der Grafschaft Angoulême zukam. Bewusst bediente sie sich der neu aufkommenden städtischen Schichten zur Herrschaftssicherung. Die zu bildende Bürgerwehr wurde verpflichtet, ihr gegebenenfalls Heerfolge zu leisten.

In den Stadtrechten, die teilweise an das Vorbild der *Etablissements* von Rouen angelehnt waren, garantierte sie den Bürgern gewisse Freiheiten, etwa das Recht, ihre Töchter und Witwen frei zu verheiraten, über ihre Besitzungen testamentarisch zu verfügen und nur im Fall von Mord, Diebstahl oder Verrat ins Gefängnis geworfen zu werden. Diese Rechte standen auch allen Fremden zu, die sich in der jeweiligen Stadt niederließen. Dabei hatten weder Adel noch Geistlichkeit Sitz im Stadtregiment. Die Ernennung der Bürgermeister bedurfte Eleonores Zustimmung. In den Jahren zwischen 1199 und 1203 erhielten La Rochelle, Poitiers, Oléron, Saintes, Niort, Angoulême, Saint-Jean d'Angély und Cognac entsprechende Privilegien. Diese Begünstigung der Ende des 12. Jahrhunderts aufgrund ihrer Wirtschaftsmacht an politischer Bedeutung gewinnenden Städte – bevorzugt wurden Hafenstädte oder Orte in strategisch günstiger Lage – zeigt, dass Eleonore versuchte, das aufsteigende Stadtbürgertum an sich zu binden, um nicht länger allein von wechselnden Adelskoalitionen abhängig zu sein. Johann Ohneland bestätigte diese Politik, die ihm die in Aquitanien so dringend benötigten Verbündeten gewann, und setzte selbst 1202/1203 im Kampf gegen Philipp II. August in der Normandie auf die Unterstützung der Städte.

Eleonore führte ihr Umritt 1199 von Niort nach La Rochelle, dessen Hafen immer größere Bedeutung für die wirtschaftliche Entwicklung des französischen Südwestens und vor allem für den Handel mit England gewonnen hatte. Von da ging es weiter nach Saint-Jean-d'Angély und Saintes. Dabei stellte sie weitere Privilegien zugunsten geistlicher Institute wie der Templer von La Rochelle und des Klosters Saint-Eutrope in Saintes aus.

Am 1. Juli traf Eleonore in Bordeaux ein, der alten Herzogsstadt der Gascogne und dem südlichsten Punkt ihrer Rundreise. Graf Gaston von Bigorre und zahlreiche Adlige aus dem südlichen Aquitanien fanden sich an ihrem Hofe ebenso ein wie der Erzbischof der Stadt. Drei Tage später trat sie den Rückweg über Soulac an der Mündung der Gironde nach Rouen an. Sie war auf dem Weg nach Tours, um dort Mitte Juli ihr Herzogtum von Philipp II. August zu Lehen zu nehmen.

Zwei Gründe lassen sich für diesen Schritt anführen. Rechtlich war dies der unumstrittenste Weg für Eleonore, ihrem Sohn die Herrschaft in Aquitanien zu sichern. Zum anderen stellte sie damit den Rechtsstand Aquitaniens als eigenständiges Herzogtum wieder her. Denn so sehr ihr daran lag, Johann das Erbe der Plantagenet zu sichern, so wenig wünschte sie eine Vereinigung Aquitaniens mit der englischen Krone. Nicht umsonst hatte sie darauf verwiesen, dass sie den Zustand vor ihrer Heirat mit Heinrich II. wiederherzustellen wünschte, jener Zeit, da sie aus eigenem Recht als Herzogin in Aquitanien regiert hatte. Indem Eleonore dem französischen König für Aquitanien als ihrem ligischen Herrn huldigte –

eine Möglichkeit, die Richard Löwenherz bereits 1191 im Vertrag von Messina für seine Erben vorgesehen hatte –, betonte sie die Eigenständigkeit ihres Herzogtums. Daran änderte sich auch nichts, als sie am 31. Juli in Tours in einer Urkunde Johann als ihren rechtmäßigen Erben anerkannte und ihm gleichzeitig das Poitou einschließlich ihrer übrigen Besitzungen übertrug. Wie Richard 1185, so leistete nun auch Johann seiner Mutter den Lehnseid für die Grafschaft Poitou. Eleonore forderte im Gegenzug ihre Lehnsleute auf, ihn als ihren Herrn anzuerkennen und ihm zu huldigen. In einer zweiten Urkunde garantierte Johann seiner Mutter den Besitz Aquitaniens auf Lebenszeit oder „solange sie dies wünsche" und erkannte sie gleichzeitig als *domina,* als Herrin seines ganzen Reiches, an. Inwieweit dieser Ehrenvorrang zur Absicherung von Johanns Herrschaft gedacht war, mag dahingestellt bleiben. Jedenfalls kam man überein, keinerlei Besitz ohne Zustimmung des anderen – Seelgerätstiftungen ausgenommen – zu entfremden oder zu veräußern. Es war unter Hinweis auf diese beiden Diplome – der englische Historiker J. C. Holt bezeichnete sie als diplomatisches Meisterstück, da sie Philipp II. August beim Tode Eleonores keine Handhabe zum Eingreifen geboten hätten –, dass Johann Ohneland etwaige Ansprüche Kaiser Ottos IV. als ehemaliger Herzog auf Aquitanien zurückweisen konnte. In den folgenden Tagen erließ die englische Kanzlei eine Fülle von Urkunden, in denen Johann die in den Monaten zuvor getätigten Schenkungen und Privilegien seiner Mutter in Aquitanien bestätigte.

Im September kam es in Le Mans zu einer Einigung Johanns mit Arthur von der Bretagne und dessen Mutter Konstanze. Möglicherweise arrangierte Eleonore zur Festigung dieses Bündnisses die Heirat Konstanzes, die kurz zuvor von ihrem zweiten Gatten, Graf Ranulf III. von Chester, geschieden worden war, mit einem ihrer Gefolgsleute und Verwandten, Guy de Thouars. In dem am 22. Mai des folgenden Jahres abgeschlossenen Friedensvertrag von Le Goulet erkannte Philipp II. August an, dass Arthur die Bretagne von Johann Ohneland zu Lehen nehme, vorbehaltlich seines Rechts, bei offensichtlichen Rechtsverletzungen an den Hof des französi-

Tafel 7

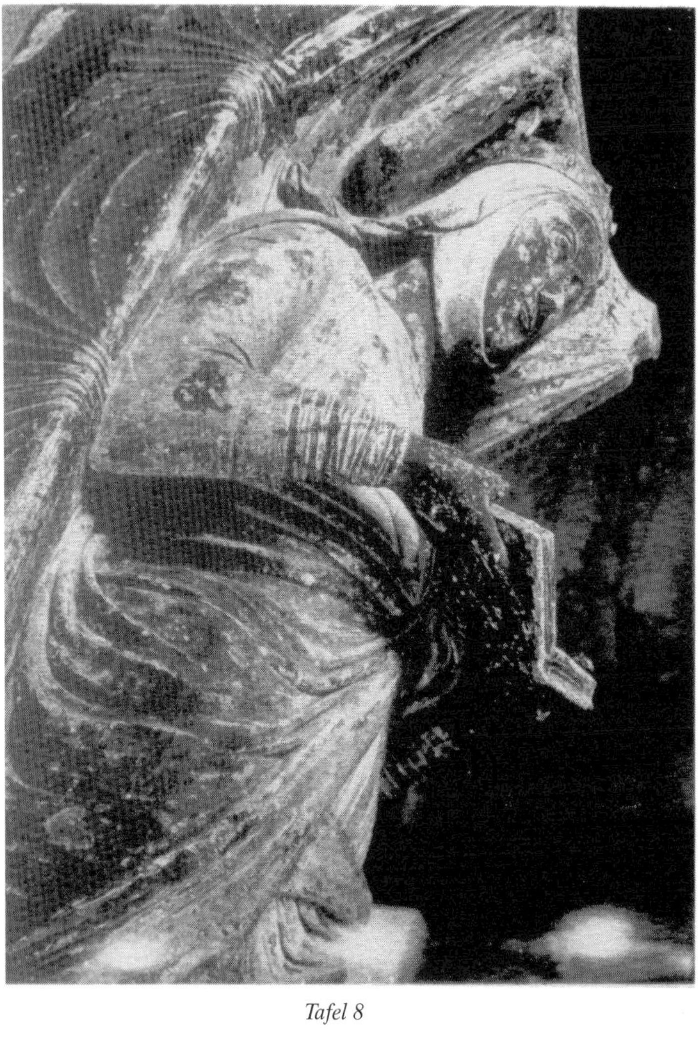

Tafel 8

schen Königs zu appellieren. Erst nach Konstanzes Tod im September 1201 und dem Urteilsspruch Philipps II. August, der Johann Ohneland all seine Festlandsbesitzungen absprach, sollte Arthur erneut Ansprüche auf das Erbe der Plantagenet erheben.

Eleonore traf im Herbst 1199 ein weiterer Schicksalsschlag. Am 24. September starb ihre jüngste Tochter Johanna bei der Geburt ihres Kindes in Rouen nach einem Kaiserschnitt. Johanna war gerade erst 34 Jahre alt und seit drei Jahren in zweiter Ehe mit Graf Raimund VI. von Toulouse verheiratet. Schon im August war sie zu ihrer Mutter nach Rouen geflohen, in der Absicht, nach der Geburt ihres Kindes in Fontevrault den Schleier zu nehmen und nicht mehr nach Toulouse zurückzukehren. Auf Bitten Eleonores war ihr von Johann Ohneland eine Pension für ihren Lebensunterhalt ausgesetzt worden. Als sie nun in Rouen starb – auch das Kind überlebte nicht –, weilte ihre Mutter bei ihr und brachte anschließend ihren Leichnam nach Fontevrault. Von ihren zehn Kindern waren nun nur noch Johann und Eleonore im fernen Kastilien am Leben.

War dies der Grund, warum sie sich nach Weihnachten aufmachte, um selbst jene kastilische Enkelin zu holen, deren Hochzeit mit Ludwig, dem Sohn Philipps II. August, einen dauerhaften Frieden zwischen Kapetingern und Plantagenet besiegeln sollte? Mitte Dezember stand jedenfalls fest, dass sie diese Reise unternehmen würde. Bestätigte ihr doch Johann in Cherbourg zu diesem Zeitpunkt im voraus die Anerkennung aller Urkunden, die sie von Weihnachten bis Ostern folgenden Jahres ausstellen würde. Besonders erwähnte er in diesem Zusammenhang alle testamentarischen Verfügungen, die sie bezüglich ihrer Einkünfte in England und der Normandie treffen würde. Da Eleonore nun 78 Jahre alt war, schien diese Vorsichtsmaßnahme durchaus angebracht.

Dass sich dieses Privileg Johanns zugunsten der Lusignan auswirkte, war eigentlich nicht vorgesehen. Wurde doch Eleonore, wie Alberich von Trois-Fontaines im 13. Jahrhundert behauptete, auf ihrer Reise nach Kastilien von ihnen gefangengesetzt, um die Übertragung der Grafschaft La Marche zu erzwingen, die Heinrich II. unter Missachtung ihrer etwaigen Erbansprüche für 6 000 Mark gekauft hatte. Jedenfalls stellte Eleonore eine entsprechende Urkunde aus und verfügte ebenso zu ihren Gunsten über Burg und Herrschaft Mervent, die Richard einst Berengaria von Navarra als Morgengabe übertragen hatte. Am 28. Januar ratifizierte Johann – wie versprochen – diese Maßnahme seiner Mutter und nahm in Caen den Lehnseid der Lusignan und ihrer Gefolgsleute für die Grafschaft entgegen. Berengaria ihrerseits wartete noch 1215 vergeblich auf die Rückgabe von Mervent.

Den politischen Hintergrund dieser Reise bildete die bereits zu Lebzeiten Richards im Februar 1199 von Kardinallegat Petrus Capuanus vorgeschlagene Eheverbindung zwischen Kastilien und Frankreich. Als Mitgift sollte die Kastilierin ursprünglich die Burg von Gisors sowie 20 000 Silbermark erhalten. Bei einem Treffen zwischen Johann und Philipp II. August im Dezember, das zum Abschluss des Vertrages von Le Goulet führte, musste der englische König angesichts der militärischen Lage wesentlich größere Zugeständnisse machen – 30 000 Silbermark, die Grafschaft Evreux sowie alle von Philipp II. in der Normandie seit dem Tod Richards eroberten Burgen sollten nun die Mitgift seiner Nichte bilden.

Eleonore traf mitten im Winter in Kastilien ein und blieb fast zwei Monate am Hof ihrer Tochter in Burgos. Ob ihre Wahl wirklich auf die drittälteste Tochter Blanca fiel, weil der Name ihrer noch unverheirateten älteren Schwester Urraca für französische Zungen zu schwer auszusprechen war, wie eine sehr späte spanische Chronik berichtet, ist nicht mehr nachvollziehbar. Jedenfalls hatte die Zwölfjährige viel vom entschlossenen Charakter ihrer Großmutter geerbt. Sie vertrat immer entschieden die Rechte der französischen Königsfamilie, in die sie eingeheiratet hatte. Blanca oder Blanche, wie man sie in Frankreich nannte, sollte nicht nur selbst Schiffe ausstatten, als ihr Gatte in ihrem Namen das Erbe der Plantagenets in England für sich einforderte, sondern auch nach seinem frühen Tod ihrem Sohn, dem späteren Ludwig dem Heiligen, durch ihr Geschick und ihre Tatkraft die Nachfolge sichern. Nicht umsonst bezeichnete sie der Chronist Guillaume de Nangis als „die klügste Frau ihrer Zeit“.

Dies aber lag noch in weiter Ferne, als sie an Ostern 1200 mit ihrer Großmutter in Bordeaux eintraf. Die Anstrengungen der Reise hatten Eleonore so sehr erschöpft, dass sie ihre Enkelin dem Schutz des Erzbischofs von Bordeaux anvertraute. Dieser geleitete sie an den Hof Johanns in der Normandie, wo am 23. Mai ihre Hochzeit mit dem französischen Thronfolger stattfand. Eleonore zog sich wieder in die Stille von Fontevrault zurück.

Nur drei Monate später wirbelte eine weitere Hochzeit Staub auf. Ganz überraschend nahm Johann Ohneland, der sich eben von seiner Cousine zweiten Grades, Isabella von Gloucester, wegen zu naher Verwandtschaft hatte scheiden lassen, Isabella, die Erbtochter Graf Ademars von Angoulême, zur Frau. Problematisch daran war, dass die zwölfjährige Isabella bereits mit Hugo von Lusignan verlobt war, auf dessen Burg Johann ihr begegnete. Wenn die Heirat auch sicher mit Zustimmung ihres Vaters erfolgte und dadurch der Übergang der Grafschaft Angoulême an die bereits übermächtigen Lusignan verhindert wurde, so gefährdete sie doch alles, was Eleonore in den Jahren zuvor aufgebaut hatte. Was zunächst als geschickter Schachzug des Königs erschien, brachte letztlich den Stein ins Rollen, der zum Verlust des gesamten Festlandsbesitzes der Plantagenet, darunter auch, bis auf wenige Überreste, des aquitanischen Erbes führen sollte.

Eleonore wohnte beiden Hochzeiten nicht bei. Sie verließ Fontevrault in den nächsten anderthalb Jahren kaum mehr. Anfang Juli 1202 fühlte sie sich so krank, dass sie Johann Ohneland bat, über ihre Einkünfte bis Michaeli testamentarisch verfügen zu können. Da erreichte sie die Nachricht, dass ihr Enkel Arthur von der Bretagne Philipp II. für Aquitanien gehuldigt hatte und mit einem großen Heer anrückte.

Nach der überstürzten Hochzeit mit Isabella hatten die Herren von Lusignan zunächst versucht, ihr Recht am Hof Johanns einzuklagen. Als ihnen dies verweigert wurde, wandten sie sich mit ihrer Klage an den französischen König, dessen Zuständigkeit für Streitigkeiten in Lehnsfragen Johann im Vertrag von Le Goulet ausdrücklich anerkannt hatte. Da er dreimal einer Ladung nicht Folge leistete, bot sich Philipp II. August im April 1202 die Möglichkeit, ihn wegen Nichterscheinens aller französischen Lehen für verlustig zu erklären. Er übertrug diese sogleich an Arthur von der Bretagne und verlobte ihn mit seiner fünfjährigen Tochter Maria. Im Juli schlug er ihn zum Ritter und nahm seinen Lehnseid für die Bretagne sowie die Grafschaften Anjou, Maine und Touraine entgegen.

Für Eleonore war entscheidend, dass Arthur sich nun auch Herzog von Aquitanien nannte und Philipp für die Grafschaft Poitou huldigte, „falls Gott es geben sollte, dass dieser oder ich sie auf irgendeine Weise erwerben können". Ein Passus des Vertrags zeigt, in welcher Weise der französische König beabsichtigte, Aquitanien an die französische Krone zu ziehen und in die Rechte Eleonores einzutreten – sollten doch die wichtigsten Adligen zuerst dem französischen König und dann erst, auf dessen Befehl, Arthur den Lehnseid leisten. Nicht nur der Herzog selbst, sondern auch alle seine Lehnsleute wären so direkt dem französischen König verpflichtet gewesen. Dem Herzog wäre nur noch die Stellung eines *primus inter pares* zugekommen. Die in den Jahren zuvor erfolgte Machtkonzentration im Poitou in der Hand von vier großen Adelsfamilien – den Vizegrafen von Thouars und den Herren von Mauléon, Lusignan und Parthenay – leistete einer solchen Lösung Vorschub. Eleonore selbst hatte diese Entwicklung durch großzügige Schenkungen gefördert, um den Adel an ihr Hause zu binden. Nun erleichterte dies Philipp den Zugriff auf ihr Herzogtum.

Als sie die Nachricht vom Anrücken Arthurs erhielt, dem sich neben den Lusignan auch viele andere Vertreter des aquitanischen Adels angeschlossen hatten, verließ sie Fontevrault, um sich hinter den Mauern von Poitiers in Sicherheit zu bringen. Auf dem Weg wurde sie mit wenigen Begleitern in der angevinischen Burg Mirebeau eingeschlossen. Wollte man sie zwingen, auf ihre Rechte zugunsten ihres Enkels Verzicht zu leisten? Jedenfalls empfand sie die Lage als so bedrohlich, dass sie um Hilfe zu Johann nach Le Mans schickte. In einem Eilmarsch erreichte er am frühen Morgen des 1. August Mirebeau. Eleonore hielt sich noch mit einigen Getreuen in einem Turm der Burg verschanzt, während sich die Stadt bereits in den Händen der Belagerer befand. Diese hatten alle Tore der Stadt bis auf ein einziges zumauern lassen, um sie an einer heimlichen Flucht zu hindern. Gerade das aber wurde ihnen zum Verhängnis. Johann besetzte dieses Tor, überraschte sie im Schlaf und überwältigte sie innerhalb kürzester Zeit. An die zweihundert Edelleute aus fast allen Familien Aquitaniens – darunter auch Andreas von Chauvigny und Hugo von Châtellerault, die sonst immer Eleonore die Treue gehalten hatten – wurden gefangen, in Ketten geschlagen und auf offenen Karren in die Normandie geschafft. Unter den Gefangenen waren auch Arthur und seine Schwester Eleonore. Letztere wurde zusammen mit vielen anderen Gefangenen auf die südenglische Burg Corfe (Dorset) verbracht. Arthur wurde zunächst in Falaise eingekerkert und, nachdem sich der entsetzte Kerkermeister Hubert de Burgh geweigert hatte, ihm die Augen ausstechen und ihn entmannen zu lassen, ins Verließ der Burg von Rouen überführt. In trunkenem Zustand soll ihn Johann dort am 3. April 1203 in einem Wutanfall eigenhändig ermordet haben. Ende April ließ Johann Eleonore mündlich die wahren Umstände von Arthurs Tod berichten, offiziell behauptete er, Arthur befände sich weiterhin in seiner Gewalt. Über Jahre hinweg sollte sich der französische König weigern, mit Johann zu verhandeln, bevor er über Arthurs Schicksal Bescheid wisse.

Von den anderen Adligen, die mit Arthur gefangengenommen worden waren, kehrten nur wenige zurück. Hugo und Gottfried von Lusignan waren unter den ersten, Savary von Mauléon und Chalon von Rochefort kamen 1203 frei. Von den 25 Rittern, die in der Burg Corfe einen Ausbruchsversuch wagten, wollten 22 lieber verhungern, als sich zu ergeben. Andreas von Chauvigny und Hugo von Châtellerault überlebten die Kälte des ersten Winters nicht. Alle Versuche Eleonores, zu ihren Gunsten zu intervenieren, blieben erfolglos.

Zwar traten einige ihrer treuesten Anhänger, wie Vizegraf Aimerich von Thouars, Hugo l'Archevêque von Parthenay, Wilhelm Maingot von Surgères und Aimerich von Rochefort nach der Freilassung der Lusignan wieder zu Johann über, aber sie konnten damit das Rad der Geschichte nur kurze Zeit aufhalten. Schon im Herbst 1203 wurde die Abfallbewegung allgemein. Eleonore standen weder Ritter noch Söldner zur Verfügung, um dies zu verhindern. Durch die Übertragung ihrer Rechte auf Johann hatte sie das Schicksal Aquitaniens unlöslich mit dem seinen verknüpft. Er aber hatte sich durch sein Verhalten nach der Eroberung von Mirebeau selbst disqualifiziert. Als er am 6. Dezember 1203 nach England absegelte, ergab sich im März darauf auch Richards stolze, uneinnehmbare Burg Château-Gaillard dem französischen König.

Die Nachricht davon wird Eleonore mit Bitterkeit erfüllt haben. Als sie drei Monate später, am 1. April 1204, die Augen schloss, hielten nur wenige Chroniken ihren Tod für erwähnenswert. Johann zeigte sich tief betroffen, als ihn die Nachricht im fernen England erreichte. Im Schleier der Nonnen fand Eleonore nach den Wirren und Kämpfen ihres langen Lebens in Fontevrault neben Heinrich II. und Richard Löwenherz ihre letzte Ruhe.

Ihr Herzogtum Aquitanien aber verlor seine Selbständigkeit. Zwar verhinderte Johann Ohneland, dass seine Schwester Eleonore von Kastilien nach all den Jahren in den Besitz ihrer Morgengabe, des Herzogtums Gascogne, gelangte, aber die Teilung Aquitaniens war nicht zu vermeiden. Das nicht von Frankreich lehnsrührige Herzogtum Gascogne blieb unter der Bezeichnung Guyenne nach vielen Kämpfen und Wechselfällen bis 1453 bei England, während die Grafschaft Poitou im Vertrag von Paris (1259) an Frankreich kam, im Vertrag von Bretigny (1360) wieder an England fiel, um schließlich nach Ende des Hundertjährigen Krieges endgültig an Frankreich verlorenzugehen.

Königin der Troubadoure?

Eleonore von Aquitanien, die „Königin der Troubadoure“, die Fee Melusine, die zauberhafte, frivole, lebenssprühende Südfranzösin, kurz: „eine Figur aus der Welt der Sagen und Romanzen, aber nicht der Geschichte“ (W. L. Warren), inspiriert noch heute viele Romane. Und dies, obwohl längst nachgewiesen ist, dass das charmante Bild eines Musenhofes, wo die Königin inmitten ihrer Hofdamen über Fragen der Minne zu Gericht saß, definitiv ins Reich der Sage gehört. Zu verführerisch ist offenbar die Vorstellung, Eleonore habe in der Burg von Poitiers, deren Mittelpunkt der Wohnturm war, den ihr Großvater angeblich für seine Geliebte, jene leichtlebige Vizegräfin von Châtellerault, hatte errichten lassen (in Wirklichkeit handelte es sich um die merowingische Gerichtsstätte, den *Mallberg*), inmitten herrlicher Gärten Hof gehalten. Einen Hof, durch dessen in orientalischem Stil ausgestattete Säle, die mit der streng utilitaristischen Ausstattung angevinischer Burgen kontrastierten, die süße Musik der Zimbeln klang und der Gesang der Troubadoure, welche die *fin'amor,* die höfische Liebe, priesen. Einen Hof, zu dem die Königin nach langen Jahren des Exils in der klösterlich frommen Atmosphäre von Paris und den kalten, strengen Burgen der Plantagenet in England und der Normandie endlich wieder heimgekehrt war.

Als Eleonore Ludwig VII. von Frankreich heiratete, löste sich der aquitanische Herzogshof auf. Zwar behielten Bordeaux und Poitiers weiterhin ihre Bedeutung als Hauptorte des Herzogtums

Gascogne und der Grafschaft Poitou, aber der Schwerpunkt höfischen Lebens verschob sich an den Hof des kapetingischen Königs. Troubadoure wie Cercamon und Marcabru, die am Hofe Wilhelms X. von Poitiers gesungen und seinen Tod beklagt hatten, mussten sich nach 1137 neue Gönner suchen. Marcabru wandte sich zunächst an den Grafen von Toulouse und ging später an den Hof Alfons VII. von Kastilien. Als Eleonore in der Obhut des Bischofs von Chartres an den französischen Hof kam, zählten zu dessen Gefolge sicherlich keine Troubadoure. Ebensowenig begleiteten Minnesänger das französische Kreuzfahrerheer ins Heilige Land. Jaufré Rudel, der einzige aquitanische Troubadour, dessen Teilnahme belegt ist, schloss sich dem Grafen von Toulouse an und erreichte auf dem Seewege Akkon. Seine angebetete Herrin war nicht Eleonore, sondern eine Gräfin von Tripoli aus dem Toulousaner Grafenhaus.

Erst nach ihrer Scheidung von Ludwig VII. fand sich der Troubadour Bertand de Ventadour am Hof der „Königin der Normannen“ ein, „que era joves e de gran valor“, die schön und von hohem Werte war. Weniger offensichtlich ist, ob er sie in einigen seiner Lieder unter dem *senhal* (Pseudonym) *Aziman* (d.h. Magnet, also Geliebte) besungen hat oder ob er sogar, wie eine erst im 13. Jahrhundert verfasste Lebensbeschreibung wissen will, von ihr wohl aufgenommen und geliebt wurde, „bis der König von England sie heiratete und mit in sein Reich nahm“. Gesichert kann nur behauptet werden, dass der aus Aquitanien stammende Troubadour in der Annahme, dass sie solche Literatur liebte, ein Lied an Eleonore schickte, um so ihre Gunst und Förderung zu erlangen.

Wenn es auch, wie Literaturhistoriker wie J. Bumke und K. M. Broadhurst übereinstimmend betonten, überraschend wenige, wenn nicht gar keine Zeugnisse für Eleonores Rolle als Mäzenin gibt, so übte sie doch in den Anfangsjahren ihrer Ehe einen gewissen Einfluss auf das Hofleben aus. Nicht umsonst klagte Johannes von Salisbury 1158 in seinem *Policraticus,* man müsse schon als Poiteviner geboren sein oder sich wie ein Spanier oder Gascogner kleiden und sprechen, um bei Hofe etwas zu gelten. Kam doch der Königin traditionell die Rolle der *domina palacii* zu, der die Sorge für den königlichen Haushalt ebenso oblag wie die Förderung der Dichtkunst oder die Pflege der *Memoria* – sei es in Form von Geschichtsschreibung oder frommen Stiftungen.

Dabei stellte der angevinische Hof keine feste Größe dar. Der König war immer unterwegs, von einem Ende seines riesigen Herrschaftsbereiches zum anderen, von den Grenzen Schottlands bis zu den Pyrenäen. Und sein Hof zog mit ihm. Er war nicht ortsgebunden, sondern ein Personenverband mit teils wechselnder, teils fester Zusammensetzung. Eine bleibende Einrichtung waren nur die großen Hoftage an hohen kirchlichen Festen, besonders an Weihnachten, die jedes Jahr in einer anderen Burg stattfanden und meist die einzige Möglichkeit zu einem Treffen der ganzen Familie boten.

Zwei Spielarten höfischer Kultur waren in den Jahren zwischen 1154 und 1173 besonders *en vogue* am englischen Hof: der Minnesang und der volkssprachliche Versroman. Es ist durchaus möglich, dass der Ruf der Königin aus dem aquitanischen Herzogshaus die Troubadoure ebenso anzog wie die Hoffnung auf die Gunst des angevinischen Königs. Doch gibt es keinen Hinweis auf persönliche Kontakte Eleonores zu aquitanischen Troubadouren. Sie waren fahrende Sänger, zogen mit dem Hof mit oder wechselten zu anderen Fürstenhöfen, immer auf der Suche nach der Gunst eines Gönners oder einer Gönnerin. Es war der Hof, der die Troubadoure anzog, nicht das Mäzenatentum oder der Charme der Königin. Auch zu einer Zeit, da Eleonore längst in Salisbury oder anderen Burgen gefangen saß, fanden sich Troubadoure am Hofe Heinrichs ein, wie etwa der Meister der politischen *sirventes* Bertran de Born.

Wie an die Höfe in Katalonien-Aragón, Toulouse, Marseille, Béziers, Narbonne und Aix kamen die Troubadoure auch an die Höfe ihrer Kinder, vor allem zu ihrem ältesten Sohn, Heinrich dem Jüngeren, diesem „König der Turniere", wie ihn Bertran de Born nannte, dessen Tod „die Troubadoure und Gaukler" beweinten. Oder zum Hof ihres dritten Sohnes, Gottfried von der Bretagne, der als der perfekte höfische Ritter besungen und als ein zweiter König Artus gefeiert wurde. Ganz zu schweigen vom Hof Richard

Löwenherz', der von vielen namentlich bekannten Troubadouren besucht wurde, wenn auch die Gestalt des Spielmanns Blondel, der seinen in Österreich gefangenen König mit Hilfe einer Melodie fand, ins Reich der Sage gehört. Richard selbst verfasste wenigsten zwei bekannte Lieder. Der Vers der *Carmina Burana,* in welchem dem Wunsch Ausdruck verliehen wurde, „daz chunich von Engellant laege an minem arme", wurde denn auch zunächst auf Richard gemünzt. Erst im 14. Jahrhundert wurde er in „diu chunegin" umgewandelt und auf Eleonore bezogen.

Troubadoure waren am kastilischen Hof bei Eleonores ältester Tochter und ihrem Gatten Alfons VIII. willkommen. Aber auch hier stellt sich die Frage, ob Sänger wie Arnaut Guilhem de Marsan, Peire Vidal und Aimeric de Peguilhan auf Einladung der Königin an den Hof nach Burgos oder Toledo kamen oder vielmehr, um die Gunst ihres Gatten zu gewinnen.

Es gibt keine objektiven Kriterien, um solche Fragen zu beantworten. Sicher besaß jede Königin und demzufolge auch Eleonore, solange sie diese Stellung an der Seite Heinrichs II. einnahm, bestimmenden Einfluss auf das Hofleben. Eine Vorliebe für diese Art der Unterhaltung mag sie mitgebracht und auch ihren Kindern vermittelt haben, aber es ist schwer zu entscheiden, was ihr persönlicher Anteil daran oder was einfach zeitbedingt war.

Ebensowenig kann man von einem direkten Einfluss Eleonores auf die Entstehung höfischer Romane ausgehen. Werke, wie der Alexander- oder Thebenroman, die sprachlich dem poitevinischen Raum zuzuordnen sind, entstanden wahrscheinlich in der Zeit vor 1170 im Umkreis des anglo-normannischen Hofes. Belegt ist, dass der aus der Touraine stammende Dichter Benoît de Sainte-Maure in seinem Trojaroman das Lob einer „riche dame de riche rei" singt, worunter man gemeinhin Königin Eleonore versteht. Dieser Versroman in französischer Sprache erzählt die Eroberung des Goldenen Vlieses durch Jason, beschreibt den trojanischen Krieg und Troja als ideale Stadt und endet mit der Ermordung des Odysseus. Der um 1165 entstandene Roman ist in vielen Handschriften überliefert und wurde (zwischen 1190 und 1217) als *Liet von Troye* sogar ins Deutsche übertragen. Aber er ist weder Eleonore gewidmet, noch ist davon die Rede, dass sie ihn in Auftrag gegeben hätte.

Wenig gesichert erscheint auch die aus dem 13. Jahrhundert stammende Nachricht, Wace, ein Kleriker, der von 1135 bis 1170 als Vorleser am englischen Hof bezeugt ist, habe um 1155 seinen Brutusroman *(Roman de Brut)* Eleonore gewidmet. Es handelte sich um eine Bearbeitung der sagenhaften „Geschichte der Könige Britanniens" des Gottfried von Monmouth in Versform. Erstmals wurde hier die Artussage in die Volkssprache übertragen, erstmals die Tafelrunde mit ihren Rittern und verfeinerten Formen höfischen Lebens erwähnt. Abgesehen von der späten Überlieferung dieser Nachricht besagt die Widmung nur, dass Wace so hoffte, die Gunst der kurz zuvor zur Königin von England gekrönten Eleonore zu erlangen.

Dies scheint ihm auch gelungen zu sein. Das Werk gefiel dem Königspaar offensichtlich so gut, dass Heinrich II. nur fünf Jahre später den Verfasser mit der Abfassung einer Geschichte der normannischen Herrscher betraute. Im Prolog pries ihn der Autor ebenso wie seine hochgeborene Gattin, *„dame de haut parage"*, da ihn beide mit Gaben und Versprechungen überschüttet hätten. Wace erhielt vom König eine Pfründe an der Kirche von Bayeux, ohne jedoch den in Auftrag gegebenen Rolloroman *(Roman de Rou)* zu vollenden. Vielmehr beklagt er sich darüber, dass viele Versprechungen nicht eingelöst wurden und dass der König nun einem anderen seine Gunst gewährt habe. Fiel er, der Eleonore als „freigebig, tugendhaft und weise" bezeichnete, nach dem Aufstand von 1173/74 in Ungnade?

Jedenfalls beauftragte der König nach 1174 einen gewissen Benedikt – der keineswegs mit Benoît de Sainte-Maure identisch sein muss – mit einer Übersetzung bzw. Bearbeitung der *Gesta Normanorum Ducum,* der Geschichte der Herzöge der Normandie, in die Volkssprache. Leider blieb auch dieses Werk unvollendet und brach mit dem Tod Heinrichs I. (1135) ab. Die Absicht Heinrichs II., die Geschichtsschreibung in den Dienst seines dynastischen Selbstverständnisses im Sinne einer Herrschaftssicherung zu stellen, blieb ohne nachhaltige Auswirkungen.

Nur eine einzige zeitgenössische Schrift wurde um 1154 nachweislich Eleonore gewidmet, eine Handschrift des *Bestiarium* des Philipp de Thaon, des ersten naturwissenschaftlichen Werkes in der Vernikularsprache. Der Autor hatte diese Schrift, in der er die symbolische Bedeutung der Tier- und Vogelwelt zu erfassen suchte, bereits zwischen 1121 und 1135 verfaßt und zunächst Adelheid von Löwen, der Gattin Heinrichs I., zugeeignet. Nun wandte er sich an Eleonore, deren „Freigebigkeit und Güte" er pries, um sie zu bitten, beim König für ihn wegen der Erbschaft seiner Mutter vorstellig zu werden.

Eleonore trat also in die Tradition der englisch-normannischen Königinnen ein, denen Geschichtsschreiber und Dichter in der Hoffnung auf Förderung ebenfalls ihre Werke widmeten. Dabei handelte es sich jedoch keineswegs um Auftragswerke, ja man kann noch nicht einmal ein besonderes Interesse der jeweiligen Königin an dem betreffenden Werk oder Verfasser voraussetzen. Philipp de Thaon hoffte jedenfalls auf die Hilfe Eleonores als Vermittlerin beim König, eine traditionell der Königin vorbehaltene Rolle.

Neben diesen Schriften, die erwiesenermaßen in irgendeiner Verbindung zu Eleonore standen, gibt es andere, in denen man entweder ihren Einfluss oder sogar charakteristische Züge ihrer Persönlichkeit zu entdecken glaubte. Man sprach davon, dass die Oxforder Fassung des Rolandsliedes, die später dem Pfaffen Konrad am Hof ihrer Tochter Mathilde in Braunschweig als Vorlage diente, möglicherweise in ihrem Auftrag entstand, obwohl es keinen Beleg dafür gibt. Und immer wieder hat man Parallelen zwischen ihr und den verschiedenen Darstellungen der Ginevra in den Artusromanen gesehen, jener Königin, die in Abwesenheit ihres Gatten seinen Neffen Mordred liebte, mit ihm Ehebruch beging und sich schließlich voll Reue in ein Kloster zurückzog. Aber hat dies ihre Zeit ebenso gesehen? In den Romanen des Chretien de Troyes, die teilweise am Hof von Eleonores Tochter Marie von der Champagne entstanden, wird Ginevra – außer im Lancelot, den Chrétien nicht selbst vollendete – ganz anders dargestellt: als liebevolle Gattin, freigiebig zu den Armen, voll Mitgefühl mit den Gefangenen, bemüht, das Leben bei Hofe angenehm und harmonisch zu gestalten, als eine Fürstin, die ihrem Gatten guten Rat erteilt, seinem Haushalt vorsteht und für höfische Sitten und Anstand Sorge trägt. Warum sollte man Eleonore nicht in diesem Bild wiedererkennen?

War sie die Elissent im „Chanson de Girart de Roussillon" oder die Ermeline, Fire und Hersent zugleich in der französischen Version des Reineke Fuchs? Oder gar die Isolde, die König Marke alias Ludwig VII. für Tristan, den jungen Heinrich von Anjou, verließ? Viele Möglichkeiten bieten sich an, viele Parallelen würden sich ziehen lassen und wurden von den Zeitgenossen möglicherweise auch gezogen, ohne dass man mehr als Vermutungen äußern könnte.

In einem Werk, das viel Verwirrung gestiftet hat, spielt Eleonore zusammen mit ihrer Tochter Marie von der Champagne und ihrer Nichte Isabella von Vermandois sogar die Hauptrolle; in dem zwischen 1186 und 1196 entstandenen, stark an Ovid angelehnten Traktat „De Amore" des Andreas Capellanus. Gleich ob die Schrift nun am Hof in der Champagne oder in rein satirischer Absicht am Hofe Philipps II. August entstand, jedenfalls lässt der Verfasser Eleonore drei Urteilssprüche in Liebesfragen fällen. Inzwischen hat sich allgemein die Überzeugung durchgesetzt, dass es sich dabei weder um wirkliche Liebesgerichtshöfe *(cours d'amour)* noch um den geistvollen Zeitvertreib der höfischen Gesellschaft handelte. Auch steht längst fest, dass die Eleonore zugeschriebenen Antworten nicht von ihr selbst formuliert werden konnten, da sie zu dieser Zeit entweder in England gefangen saß oder damit beschäftigt war, ihrem Sohn Richard Löwenherz die Herrschaft zu sichern.

Die Fragen und Eleonores Antworten sind häufig auf ihr Verhältnis zu ihrem ersten Gatten Ludwig VII. bezogen worden: Auf die Frage, ob eine Frau eher einen älteren Mann ausgezeichneten Charakters oder einen jüngeren wertlosen Mann lieben sollte, der vorgebe, sich durch ihre Liebe bessern zu wollen, optierte sie für den älteren, der Liebe würdigen Mann, da „nicht sicher sei, dass die Saat, die man säe, immer aufgehe"; dies wurde als die späte Erkenntnis der Königin interpretiert, die den wertlosen jüngeren Mann, nämlich Heinrich von Anjou, dem würdigen älteren, Ludwig VII., vorgezogen habe. In die gleiche Richtung zielte die Frage, ob die Ehefrau an einer unwissentlich eingegangenen, kanonisch nicht erlaubten Ehe aus Liebe festhalten solle. Eleonores Antwort lautete, dass „eine Frau, die versuche, eine solche inzestuöse Liebe zu bewahren, eindeutig gegen Recht und Anstand verstoße. Solch inzestuöse und nichtswürdige Handlungen, von denen wir wissen, dass sie sogar die Gesetze der Menschen mit sehr strengen Strafen belegen, sind immer zu verurteilen". Die letzte Frage ging sogar noch weiter. Wurde hier doch der Königin unterstellt, sie halte es für richtig, wenn sich eine Frau einen Liebhaber nähme. Geschildert wurde der Fall einer Dame, die ihrem Liebhaber auf dessen Bitten erlaubte, sich einer anderen Frau zu nähern. Die Frage lautete, ob sie später diesen Liebhaber abweisen solle, wenn er wieder zu ihr zurückkäme und behaupte, es habe sich nur um eine Prüfung ihrer Liebe gehandelt. Eleonore soll darauf geantwortet haben, dass, solange kein Beweis für die Untreue des Liebhabers vorliege, die Liebe ihm aus den angeführten Gründen nicht verweigert werden dürfe.

War Eleonore von Aquitanien die Königin der Troubadoure? Vom Stand unserer Kenntnisse aus müssen wir diese Frage verneinen. Auch von ihrem viel gerühmten Hof in Poitiers zeugen nur die Zeilen, in denen Richard von Poitiers die Gefangenschaft seiner Königin beklagt, die der „König der Nordwinde" entführt habe, sodass nicht länger ihre jungen Hofdamen sie „zum süßen Klang von Tamburin und Laute" mit Liedern erfreuen könnten.

Was aber die Förderung der Troubadourlyrik oder der volkssprachlichen Romane betrifft, so verweisen alle überlieferten Zeugnisse auf den Hof Heinrichs II. und seiner Söhne Heinrichs des Jüngeren und Gottfrieds von der Bretagne. Zwar ist bekannt, dass Eleonore Ratgeber und Angehörige ihrer eigenen Familie in Poitiers um sich versammelte, doch tritt sie – anders als z. B. die Vizegräfin von Narbonne – nirgends als Förderin von Dichtern und

Troubadouren hervor. Nur in den ersten Jahren ihrer Ehe mit Heinrich II. wandten sich einige Dichter mit der Bitte um Protektion an sie, wie es der traditionellen Rolle der Königin entsprach. Dies geht aus den Widmungen deutlich hervor.

Ob es ihr bestimmender Einfluss war, der die Höfe ihrer Kinder zu literarischen Zentren machte, von der Champagne und der Bretagne bis ins Herzogtum Sachsen und ins Königreich Kastilien, ist möglich, aber kaum nachweisbar. Bei der Scheidung von Ludwig VII. waren ihre beiden Töchter gerade sieben und anderthalb Jahre alt. Wenn überhaupt, hat sie sie erst viele Jahre später wiedergesehen. Heinrich der Jüngere lebte seit seinem siebten Lebensjahr im Haushalt von Thomas Becket und wurde später Wilhelm Marschall zur Erziehung übergeben. Mathilde und Eleonore verließen den englischen Hof im Alter von 12 und 9 Jahren, um ihren Ehegatten zu folgen. Johanna und Johann wurden zuerst in Fontevrault und nach 1173 in England fern von Eleonore erzogen. Nur Richard und Gottfried, die beide selbst Troubadourlieder verfaßt haben, weilten bis 1173 häufig im Haushalt der Mutter. Wahrscheinlich hatten ihre Kinder eine Veranlagung für Poesie und Musik von ihren aquitanischen und angevinischen Ahnen mitbekommen. Eleonore selbst zeigte nach 1173 kein Interesse an diesen Künsten mehr, sonst hätte sie kaum ein Kloster zu ihrem Witwensitz gewählt.

J. Gillingham bezeichnete sie als „außerordentliche Frau, nur nicht im Sinn der Legende" und fügte hinzu: „Die Legende muss weg, aber gleichzeitig müssen wir darauf achten, dass uns nicht auch die Königin abhandenkommt". Die Legendenbildung setzte schon zu ihren Lebzeiten ein. Als sich dann im 13. Jahrhundert die Stellung der Frau immer mehr verschlechterte, bekam auch ihr Bild immer mehr Flecken. Die Sage von der teuflischen Fee Melusine wurde auf sie bezogen. Mit einem Ungläubigen, später sprach man von Saladin, habe sie Ehebruch begangen. Im 14. Jahrhundert wurde sie zur Mörderin an der schönen Rosamunde gemacht. Shakespeare schließlich setzte ihr im „König Johann" ein unrühmliches Denkmal: „die Mutter Königin, als Ate, die zu Kampf und Blut ihn (= Johann Ohneland) treibt" (Akt II, Sz. 1). Daniela Laube betont wohl zu recht, dass es gerade diese angeblich dunklen Seiten Eleonores waren, die das Interesse an ihrem Schicksal über die Jahrhunderte aufrecht erhalten haben.

Aber ob Königin der Liebeshöfe oder rachsüchtige alte Hexe, die wahre Bedeutung der Eleonore von Aquitanien in ihrer eigenen Zeit lag nicht auf literarischer, sondern auf politischer Ebene.

Schlußbetrachtung

Eleonore von Aquitanien: eine Gestalt der Geschichte, die in jedem Jahrhundert je nach Erfordernissen des Zeitgeists immer mit neuem Leben gefüllt wird: verführerische Sirene, frivol und leichtlebig, herrschsüchtig und eigennützig, ein Unglück für die nationale Einheit Frankreichs, Unruhestifterin im angevinischen Reich oder emanzipierte Frau, die sich trotz Unterdrückung durchzusetzen verstand. Persönlichkeit und Geschichte: Eleonore von Aquitanien ist geradezu ein Paradebeispiel dafür, wie die Geschichte die Persönlichkeit formt und wie Generationen von Schriftstellern und Historikern eine Gestalt aus Fleisch und Blut entstehen lassen, hinter der die historisch bekannten Fakten längst verblaßt sind. Wie ihre Söhne Richard Löwenherz und Johann Ohneland im allgemeinen Bewusstsein als Helden in den Romanen eines Sir Walter Scott fortleben, als Gestalten in den Volksballaden von Robin Hood, so ist auch Eleonore zum Mythos geworden. Gerade heute, wo die Frauengeschichtsschreibung nach Identifikationsfiguren sucht, scheint ihr Schicksal besonders aktuell geworden zu sein. Alle Aussagen der Quellen über sie sind entweder stereotyp oder bewusst einseitig. Ein objektives Bild kann nicht herausgefiltert werden, weil Objektivität im Mittelalter keinen Wert an sich darstellte.

So konnte auch hier nur der Versuch unternommen werden, einer Frau gerecht zu werden, die aktiv Anteil am politischen Leben ihrer Zeit nahm und immer um die Wahrung der Interessen ihrer Familie bemüht war. Wenn Eleonore dynastisch dachte, so als Aquitanierin.

Ihre Handlungen werden nur verständlich, wenn man berücksichtigt, dass sie sich immer als Vertreterin ihres Hauses sah. Daran scheiterten ihre beiden Ehen. Die Ehe mit Ludwig VII., weil er ihrem Onkel in Antiochien keine Waffenhilfe leistete und damit jene Pflicht vernachlässigte, die von alters her die Grundlage jeder durch Heiraten geschaffenen verwandtschaftlichen Beziehung bildete, die Pflicht zu gegenseitiger Hilfe und Unterstützung. Die Ehe mit Heinrich II., weil er ihr Recht, frei über ihre Erblande zu verfügen, nicht achtete und eine feste Einbindung ihres Herzogtums in den angevinischen Reichsverband anstrebte. Wie im Falle ihrer Ehe mit Ludwig VII. war auch hier das Bündnis zerbrochen, weil der *honor,* das Selbstverständnis des aquitanischen Hauses, nicht geachtet worden war.

Als sie nach dem Tod Heinrichs II. ihre uneingeschränkte Bewegungsfreiheit zurückerhielt, wandte sie ihre ganze Energie auf, um ihren Söhnen – zuerst Richard Löwenherz und dann Johann Ohneland – die Nachfolge im väterlichen Erbe zu sichern. Beide Male suchte sie zunächst im Sinne gewohnheitsrechtlichen Denkens, die alten Bräuche – zuerst in England, dann in Aquitanien – wiederherzustellen. Wie Heinrich II. an seinen Großvater Heinrich I. anknüpfen wollte, so berief sich Eleonore auf die aquitanischen Herzöge. Nur in der Städtepolitik beschritt sie neue Wege, um durch die Heranziehung neuer bürgerlicher Schichten die Verteidigungskraft Aquitaniens zu stärken. Gleichzeitig versuchte sie, den ihr verwandten Adel durch die Gewährung ausgedehnter Besitzungen an sich zu binden.

Hatte sie noch 1152, nach ihrer Scheidung von Ludwig VII., ganz in der Tradition ihrer Vorfahren keinerlei Verpflichtungen lehnrechtlicher Natur gegenüber ihrem ehemaligen Gatten gelten lassen wollen und darauf gepocht, selbst über ihre Wiederverheiratung bestimmen zu können, so lernte sie bald, Nutzen aus solchen Bindungen zu ziehen. 1173 berief sie sich implizit darauf, als sie an den Hof Ludwigs VII. fliehen wollte, um ihre verletzten Rechte einzuklagen. 1185 vermochte sie durch eine formelle Lehnsnahme ihres Sohnes, Aquitanien für Richard zu sichern. Als sie 1199 erstmals selbst ihre Erblande vom französischen König zu Lehen nahm, tat sie dies zur Absicherung ihres Rechtstitels. Begründete die Lehnsnahme doch gleichzeitig mit der Anerkennung der Oberhoheit des Lehnsherrn vornehmlich eine Schutzverpflichtung seinerseits. Die Tatsache, dass sie Richard Löwenherz dazu riet, England von Kaiser Heinrich VI. zu Lehen zu nehmen, zeigt, dass dieser Gedanke für sie im Vordergrund stand.

Während sie in Frankreich politisch kaum die Möglichkeit hatte, eine Rolle zu spielen, ja sogar in aquitanischen Angelegenheiten ihr Einfluss äußerst gering anzusetzen ist, konnte sie in der ersten Hälfte ihrer Ehe mit Heinrich II. in die relativ starke Stellung eintreten, die den englischen Königinnen seit Heinrich I. zustand. Nachweislich war sie politisch nur dann aktiv, wenn sie in Stellvertretung ihres abwesenden Gatten handelte, Mandate erließ, Recht sprach oder Streitigkeiten schlichtete. Sie besaß ihren eigenen Haushalt, präsidierte zusammen mit ihrem Gatten bei Gerichts- und Hoftagen und empfing ausländische Gesandte. Das militärische Geschick allerdings, das ihr Gatte Heinrich II. und ihr Sohn Richard Löwenherz in überreichem Maße besaßen, fehlte ihr ganz. Weder in der Bretagne noch in Aquitanien selbst vermochte sie ihren Befehlen militärisch Nachdruck zu verleihen. Sie war geschickter am Verhandlungstisch als auf dem Schlachtfeld. Unter der Regierung ihrer Söhne Richard und Heinrich war ihr Einfluss am stärksten, doch setzte sie ihn ausschließlich im Sinne einer Herrschaftswahrung dieser Söhne ein. Ihre Aktivitäten konzentrierten sich dabei auf die Sicherung der Nachfolge sowie, damit verbunden, auf die reibungslose Herrschaftsübernahme und die Friedenswahrung. Dies zeigte sich sowohl während der Gefangenschaft Richards in Deutschland als auch während der Kämpfe Johanns Ohneland zum Erhalt des Festlandsbesitzes der Plantagenet.

Seit ihrer Heirat mit Ludwig VII. von Frankreich war für Eleonore die Förderung der Stifte und Klöster in Aquitanien – besonders jener Klöster, die von Mitgliedern ihres Hauses gegründet oder geleitet wurden – ein besonderes Anliegen. Meist begnügte sie sich damit, Schenkungen früherer Herrscher zu bestätigen. In

England gründete sie 1158 das sog. Hospiz der Königin und stand im Verbrüderungsbuch der Mönche von Reading, wo ihr Sohn Wilhelm seine letzte Ruhe fand. Die Abtei Fontevrault an der Grenze zwischen den Grafschaften Anjou und Poitou, in der ihr Gatte und ihr Sohn Richard begraben waren, wählte sie nach 1194 zu ihrem Witwensitz. Sie stiftete dort eine Kapelle, an der einer ihrer Kleriker den Dienst versah, und machte dem Kloster reiche Schenkungen, darunter ein goldenes, edelsteinverziertes Prozessionskreuz, goldene und silberne liturgische Gefäße sowie seidene Gewänder.

Wilhelm Marschall, der sie seit seiner Jugend kannte und verehrte, schreibt, sie sei eine „tapfere und höfliche Dame" gewesen, *vaillante et courtoise.* Und Tapferkeit wird sie wohl seit frühester Jugend gebraucht haben, als sie nach dem Tod ihres Vaters in das unbekannte Paris aufbrach, als sie sich der Kreuzfahrt ihres Gatten in den Orient anschloss oder als sie es verstand, sich nach der Scheidung den Nachstellungen einiger Prätendenten zu entziehen. Tapferkeit war auch erforderlich, als sie eine entscheidende Rolle beim Aufstand ihrer Söhne spielte, ebenso wie im Kampf um die Freilassung Richard Löwenherz' oder die Nachfolge Johanns im angevinisch-poitevinischen Reich. Tapferkeit, Zielstrebigkeit und Energie waren Eigenschaften, die sie bis ins hohe Alter auszeichneten. Dass sie *courtoise* war, eine Königin, die es verstand, an ihrem Hof höfischen Geist, Musik und Literatur zu fördern, ist oft betont und häufig überbewertet worden.

Kritiker wie Gervasius von Canterbury warfen ihr vor, „klug", aber *instabilis,* „wankelmütig", zu sein, ein Charakterzug, den man auch ihrem Sohn Richard Löwenherz nachsagte, den Bertran de Born seinen Herrn „ja und nein" nannte. *Instabilis,* vielleicht gegenüber ihren Ehepartnern, aber nicht gegenüber den Mitgliedern ihrer Familie, denen sie immer unverbrüchlich die Treue hielt. Einmal getroffene Entscheidungen nahm sie nicht zurück, einmal gefaßte Vorlieben änderte sie nicht. Dies zeigte sich anlässlich ihrer Scheidung von Ludwig VII., die sie seit den Ereignissen in Antiochien anstrebte, wie auch in der konsequenten Politik, die sie nach dem Tod Heinrichs II. verfolgte, um ihren Söhnen die Herrschaft zu sichern.

Als eine „unvergleichliche Frau, schön und sittsam, mächtig, aber bescheiden, demütig und redegewandt, was sehr selten bei Frauen ist", charakterisierte sie der zeitgenössische englische Geschichtsschreiber Richard von Devizes, der aus Winchester stammte, wo sich Eleonore nach 1180 häufig aufhielt. Er beschreibt, dass sie voll Mitgefühl mit den Nöten der Menschen war und es verstand, ihnen tatkräftig Hilfe zu leisten, „denn wer könnte so grausam sein, einer solchen Frau einen Wunsch abzuschlagen?" Beharrlich in der Verfolgung ihrer Ziele, klug in der Auswahl ihrer Mittel, energisch in der Durchsetzung ihres Willens, so stellt sie sich dem Betrachter ihres Lebens dar.

Wir verfügen über mehrere zeitgenössische bildliche Darstellungen der Königin, darunter eine besonders ausdrucksstarke Wandmalerei in der Kapelle Sainte-Radegonde in Chinon. Sie zeigt eine mittelgroße, schlanke Frau mit ovalem Gesicht und rötlichbraunen Haaren, die einen Mantel in den blauweißen Farben der Plantagenêt trägt. Handelt es sich um eine Jagdgesellschaft – einer ihrer Söhne trägt einen Jagdfalken – oder, wie jüngst vermutet, um ihre Wegführung in die Gefangenschaft? Jedenfalls nimmt sie die beherrschende zentrale Stellung zwischen ihren Söhnen – wahrscheinlich Gottfried und Richard – sowie einer ihrer Töchter und Heinrich II. ein, der der Gesellschaft voranreitet. Anders als auf dem Bild im Evangeliar Heinrichs des Löwen, wo man in ihr wahrscheinlich die schmale grüngewandete Dame im Hintergrund erkennen kann, trägt sie jedoch in Chinon, ebenso wie auch im Stifterbild der Kathedrale von Poitiers, ihre Krone.

Wer war Eleonore von Aquitanien? Gerechterweise müssen wir am Ende dieser Zeilen, deren Heldin sie ist, in denen viel über diejenigen ausgesagt wurde, mit denen sie zusammen lebte, und nur manches über sie selbst, bekennen, dass wir das nicht wissen. Sie war zweifelsohne eine starke Frau, die sich von Widrigkeiten nicht schrecken ließ und bis zuletzt auf den Erhalt ihres Hauses bedacht war. Ihr Haus und ihr Erbe war das Herzogtum Aquitanien. Ihr

Haus waren aber auch ihre Nachkommen, ihre Kinder aus beiden Ehen und ihr zweiter Gatte, neben dem sie – trotz Entfremdung und Gefangensetzung – begraben werden wollte und dessen sie immer wieder in Seelgerätstiftungen gedachte. Von ihren Söhnen sollte nur Richard Löwenherz das gleiche Verständnis für den Zusammenhalt des Hauses aufbringen. Johann Ohneland dagegen, dessen Nachfolge sie mit so vielen Mühen durchgesetzt hatte, zerstörte dieses von Kastilien bis ins Deutsche Reich reichende Beziehungsgeflecht, dessen Mittelpunkt Aquitanien bildete. Als sich Eleonore im Jahre 1202, nach der Gefangennahme ihres Enkels Arthur von der Bretagne und fast des gesamten mit ihr verwandten aquitanischen Adels, definitiv zurückzog, war der Verlust Aquitaniens nicht mehr aufzuhalten.

Es blieb ihr erspart, die Teilung ihres aquitanischen Erbes mitzuerleben und den Verzicht Johanns auf die Grafschaft Poitou, die zu einer Provinz Frankreichs wurde. Toulouse fiel auf dem Erbweg an den Bruder Ludwigs des Heiligen, ihren Urenkel, dessen Mutter Blanche sie dem Enkel ihres ehemaligen Gatten als Braut zugeführt hatte, und wurde zu einer Apanage der jüngeren Söhne des französischen Königshauses. Vielleicht ist ihr Name ja auch so berühmt geworden, weil sie die letzte aquitanische Herzogin ihres Geschlechts war und ihr Abtreten der Schwanengesang ihres Reiches.

Zeittafel

1124	Geburt Eleonores
1137 Juli 25	Heirat mit König Ludwig VII. von Frankreich
1141 Juni	Zug Ludwigs VII. gegen Toulouse
1145	Geburt der ersten Tochter Marie
1145 Weihnachten	Hoftag von Bourges
1146	Aufenthalt in Aquitanien
1147–1149	2. Kreuzzug ins Heilige Land
1148 März	Aufenthalt in Antiochien
1149 Okt.	Tusculum: Versöhnungsversuch Eugens III.
1150 Juli	Geburt der Tochter Alice
1151 Okt.–1152 Febr.	Aufenthalt mit Ludwig in Aquitanien
1152 März 21	Beaugency: Scheidung von Ludwig VII.
1152 Mai 18	Poitiers: Heirat mit Heinrich Plantagenet
1153 Aug. 17	Geburt des Sohnes Wilhelm in Rouen
1154 Dez. 19	Königskrönung Heinrichs II. und Eleonores
1155 Febr.	Geburt Heinrichs des Jüngeren in Bermondsey
1156 Jan.–Juli	Stellvertreterin Heinrichs in England
1156 Juni	Geburt Mathildes in London
1157 Sept. 8	Geburt von Richard Löwenherz in Oxford
1158 Ostern	Festkrönung mit Heinrich II. in Worcester
1158 Aug.–Dez.	Stellvertreterin Heinrichs in England
1159 Sommer	Zug Heinrichs II. gegen Toulouse

1159–1160 Sept.	Stellvertreterin Heinrichs in England
1161 Sept.	Geburt Eleonores in Domfront
1164	Heirat ihrer Töchter Marie und Alice von Frankreich mit den Grafen Heinrich von der Champagne und Theobald von Blois
1165 Frühjahr	Treffen mit Rainald v. Dassel in Salisbury
1165 Sept. 24	Geburt der Tochter Johanna in Angers
1166 Dez. 24	Geburt von Johann Ohneland in Oxford
1167 Dez.	Weihnachtskurie in Argentan
1168 Febr. 1	Heirat der Tochter Mathilde mit Herzog Heinrich dem Löwen
1168–1173	Aufenthalt mit Unterbrechungen in Aquitanien
1169 Jan. 6	Vertrag von Montmirail
1170 Juni 14	Krönung Heinrichs des Jüngeren zum englischen König
1170 Sept.	Bordeaux, Verlobung der Tochter Eleonore mit Alfons VIII. v. Kastilien
1170 Dez. 29	Ermordung v. Thomas Becket
1172 Juni 11	Erhebung Richards zum Herzog von Aquitanien
1172	Weihnachtshof in Chinon
1173	Aufstand der Söhne und Eleonores gegen Heinrich. Gefangennahme Eleonores
1174 Juli	Eleonore wird in der Burg von Salisbury gefangen gesetzt
1174 Sept. 30	Friede v. Montlouis. Ende des Aufstands
1180	Tod Ludwigs VII., Philipp II,. August wird König von Frankreich Ächtung Heinrichs des Löwen
1182	Heinrich und Mathilde im Exil am englischen Hof
1183 Juni 11	Tod Heinrichs d. Jüngeren in Martel
1184 Weihnachten	Hoftag in Windsor, an dem Eleonore teilnimmt

1185 April	Richard erkennt Eleonores Rechte in Aquitanien an
1186 Aug. 19	Tod Gottfrieds von der Bretagne in Paris
1189 Juli 6	Tod Heinrichs II. in Chinon
1189 Sept. 3	Krönung v. Richard Löwenherz in Westminster
1190–1192	3. Kreuzzug ins Heilige Land
1191 Okt.	Vertrag von Messina
1190/1191	Reise mit Berengaria v. Navarra nach Sizilien
1192	Gefangennahme v. Richard Löwenherz: Regentschaft Eleonores in England
1193	Reise nach Mainz mit dem Lösegeld für Richard
1194 April 17	2. Krönung Richards in Winchester
1196	Eleonore zieht sich nach Fontevrault zurück
1186–1198	Otto v. Braunschweig ist Graf v. Poitou
1199 April 6	Tod v. Richard Löwenherz vor Châlus
1199 Mai 27	Krönung v. Johann Ohneland in Westminster
1199	Eleonore nimmt Aquitanien v. Philipp II. August zu Lehen. Umritt als Herzogin in Aquitanien: Städteprivilegien
1200 Dez.–1201 März	Reise Eleonores nach Kastilien
1202	Eleonore wird in Mirebeau belagert
1203 April 3	Ermordung Arthurs von der Bretagne
1204 April 1	Tod Eleonores in Fontevrault

Quellen und Literatur

Quellen:

Die wichtigsten Quellen zur Geschichte Eleonores als Königin von Frankreich finden sich im *Recueil des Historiens de Gaule et de la France* Bd. XII, Paris 1781. Angaben zu Editionen weiterer Geschichtsschreiber wie Suger von Saint-Denis, Philipp Mousket, Odo von Deuil und Heliand bei D. LAUBE, Zehn Kapitel zur Geschichte der Eleonore von Aquitanien, Bern – Frankfurt a. M. – New York 1984. Die wichtigsten Quellen zur Geschichte Eleonores als Königin von England (Gervasius von Canterbury, Roger von Hoveden, Richard von Devizes, Ralph von Diceto, Gerald von Wales, Wilhelm von Newburgh, Walter Map, Roger von Wendover) sind in der *Rolls Series* ediert. Von M. CHIBNALL wurden die Ecclesiastical History of Ordericus Vitalis (1972–1980) und die Historia Pontificalis des Johann von Salisbury (1956) ediert und ins Englische übersetzt, von R. B. C. HUYGENS, Die Chronik des Wilhelm von Tyrus, 2 Bde. Turnhout 1986 neu herausgegeben (CCCM 63–63A) (deutsche Übersetzung unter http://www.manfredhiebl.de/Wilhelm-von-Tyrus/wilhelm-von-tyrus.htm) und von G.B. WINKLER die Werke des Bernhard von Clairvaux mit einer deutschen Übersetzung, Bd. 2/3: Briefe, Innsbruck 1992.

Neben den Urkunden in den *Layettes du Tresor des Chartes,* Bd. I, sind künftig die Editionen von Eleonores Urkunden von Jean DUFOUR (Frankreich) und Nicolas VINCENT (England) heranzuziehen.

Literatur:

Seit der Studie von R. PERNOUD (Königin der Troubadoure, Eleonore von Aquitanien, München 1979), die das Leben der Eleonore von Aquitanien anhand der erzählenden Quellen anschaulich, wenn auch sehr subjektiv darstellte, ist eine Fülle von Literatur über sie selbst, ihre Zeit und über die Stellung der Frau im Hochmittelalter erschienen. Unter dem Dutzend neuer biografischer Darstellungen und Skizzen ragen vor allem die Dissertation von D. LAUBE (s. Quellen) aus rezeptionsgeschichtlicher, das Buch von D.D.R. Owen (Eleanor of Aquitaine. Queen and Legend, Oxford – Cambridge, Mass. 1993) aus literaturwissenschaftlicher und der Aufsatz von J. MARTINDALE (Eleanor of Aquitaine, in: J. NELSON (s.u.), 17–50) aus politischer Sicht heraus. Mit den Biographien von J. FLORI, Aliénor d'Aquitaine: la reine insoumise, Paris 2004, und R.V. TURNER, Eleonore von Aquitanien: Königin des Mittelalters, München 2012, verfügen wir nun über zwei wissenschaftlich fundierte Darstellungen.

Anlässlich von Eleonores 800. Todestag 2004 erschienen wichtige Sammelbände und Kongreßakten: M. AURELL (Hg.), Aliénor d'Aquitaine (Revue 303, arts, recherches et création, nr. 81 hors sér.), Nantes 2004; B. WHEELER – J.C. PARSONS, Eleanor of Aquitaine: Lord and Lady, New York 2003 sowie M. AURELL – N.-Y. TONNERRE, Plantagenêts et Capétiens: confrontations et héritages, Turnhout 2006.

An weiteren *Darstellungen und Lebensbildern* sind zu nennen: E. BROWN, Eleanor of Aquitaine, Parent, Queen and Duchess, in: W.W. KIBLER, Eleanor of Aquitaine: Patron and Politician, Austin, Texas 1976, 9–24; M. MEADE, Eleanor of Aquitaine: a biographie, New York 1977; E. UITZ, Eleonore von Aquitanien „Königin mit den zwei Kronen", in: E. UITZ u.a (Hg.), Herrscherinnen und Nonnen, Berlin 1990, 219–260, G. DUBY, Frauen im 12. Jahrhundert I: Héloïse, Isolde und andere, Frankfurt a.M. 1997; K. SCHNITH, Eleonore von Aquitanien, Königin von Frankreich und von England, in: DERS. (Hg.), Frauen des Mittelalters in Lebensbildern, Graz – Wien – Köln 1997, 216–235.

Zu Eleonore als Königin von Frankreich: Y. SASSIER, Louis VII, Paris 1991; M. FACINGER, A Study of Medieval Queenship: Capetian France, 987–1237, in: Studies in Medieval and Renaissance History 5 (1968) 1–48; M.-B. BRUGIÈRE, À propos des idées reçus en histoire: le divorce de Louis VII, in: Mémoires de l'Académie des Sciences, Inscriptions et Belles-Lettres de Toulouse 140 (1978) 191–206; M. HIVERGNEAUX, Autour d'Aliénor d'Aquitaine: entourage et pouvoir au prisme des chartes, in: Plantagenêts et Capétiens (s. o.), 61–74; A. GRABOÏS, Louis VII pèlerin, in: Revue d'Histoire de l'Église de France 74 (1988) 5–22.

Zu Eleonore als Königin von England: neben den großen Studien zur Regierung ihrer Gatten und Söhne: W. L. WARREN, Henri II, London 1973; D. BERG, Richard Löwenherz, Darmstadt 2007; J. NELSON (Hg.), Richard Coeur de Lion in History and Myth, London 1992; R. V. TURNER, King John, England's Evil King?, Stroud 2011; Richard Löwenherz, König – Ritter – Gefangener (Katalog), Speyer 2017; R. BENJAMIN, A Forty Years War: Toulouse and the Plantagenêts 1156–1196, in: Bulletin of the Institut of Historical Research 61 (1988) 270–285; H. G. RICHARDSON, The Letters and Charters of Eleanor of Aquitaine, in: English Historical Review 74 (1959) 193–213; N. VINCENT, Patronage, Politics and Piety in the Charters of Eleanor of Aquitaine, in: Plantagenêts et Capétiens (s.o.), 17–60; E. van HOUTS, Queens in the Anglo-Norman/Angevin realm 1066–1216, in: C. ZEY (Hg.), Mächtige Frauen? Königinnen und Fürstinnen im europäischen Mittelalter (11.–14. Jh.) (Vorträge und Forschungen 81), Ostfildern 2015, 199–224.

Zum Verhältnis zu ihren Kindern: C. M. BOWIE, The daughters of Henri II and Eleanor of Aquitaine, Turnhout 2014; H. VOLLRATH, Aliénor d'Aquitaine et ses enfants: une relation affective?, in: Plantagenêts et Capétiens (s.o), 113–123; U. VONES-LIEBENSTEIN, Aliénor d'Aquitaine, Henri le Jeune et la révolte de 1173, ibid., 75–93; J. C. HOLT, Aliénor d'Aquitaine, Jean sans Terre et la succession de 1199, in: Cahiers de Civilisation Médiévale 29 (1986) 95–100; R. V. TURNER, Eleanor of Aquitaine and her children: an inquiry into medieval family attachment, in: Journal of Medieval History 14 (1988)

321–335; M. STRICKLAND, Henri the Young King, 1155–1183, New Haven 2016; U. NILGEN, Heinrich der Löwe und England, in: Heinrich der Löwe und seine Zeit, Bd. II, Essays, hg. v. J. LUCKHARD – F. NIEHOFF, München 1995, 329–342; R. FAVREAU, Otto von Braunschweig und Aquitanien, ibid., 368–376; B. U. HUCKER, Kaiser Otto IV., Hannover 1990.

Zu ihrer Stellung als Förderin von Literatur: immer noch die nur in einzelnen Punkten zu korrigierende Darstellung von R. R. BEZZOLA, Les Origines et la formation de la literature courtoise en Occident (500–1200), Bd. II, Paris 1960; Bd. III/1, Paris 1963; M. LAZAR, Cupid, the Lady and the Poet: Modes of Love at Eleanor of Aquitaine's Court, in: KIBLER (s. o.), 35–59; J. BUMKE, Mäzene im Mittelalter, München 1979; P. JOHANEK, König Arthur und die Plantagenets, in: Frühmittelalterliche Studien 21 (1987) 346–389; K. M. BROADHURST, Henry II of England and Eleanor of Aquitaine: patrons of literature in French?, in: Viator 27 (1996) 53–84; F. TOLHURST, What ever happened to Eleanor? In: Eleanor, Lord and Lady (s. o.), 319–336; D. BUSCHINGER (Hg.), Autour d'Aliénor d'Aquitaine: actes du colloque de Saint-Riquier, Amiens 2002 (=Médiévales 22), Amiens 2002; M. G. BULL – C. LÉGLU (Hg.), The World of Eleanor of Aquitaine: literature and society in Southern France between the eleventh and thirteenth century, Woodbridge 2005, und U. VONES-LIEBENSTEIN, Eleonore von Aquitanien und ihr Hof in Poitiers. Wahrheit oder Legende?, in: Richard Löwenherz (Katalog, s. o.), 326–331.

und Kunst: J. L. LOZINSKI, Henri II, Aliénor d'Aquitaine et la cathédrale de Poitiers, in: Cahiers de Civilisation Médiévale 37 (1994) 91–100 und N. KENAAN-KEDAR, Aliénor d'Aquitaine conduite en captivité. Les peintures murales commémoratives de Sainte-Radegonde de Chinon, ibid. 41 (1998) 317–330 und 42 (1999) 397–399; U. NILGEN, Les Plantagenêts à Chinon, in: Iconografia. Mélanges offerts à P. Skubiszewski, Poitiers 1999, 153–157.

zur Städtepolitik: E. ENNEN, Zur Städtepolitik der Eleonore von Aquitanien, in: Civitatuum Communitas. FS Heinz Stoob zum 65. Geburtstag, hg. v. H. JÄGER u. a., Köln – Wien 1984, 42–55.

Erläuterungen zu den Abbildungen

Umschlag: Haupt Eleonores aus dem Wandbild in der Kapelle Sainte-Radegonde in Chinon (Indre-et-Loire), 12. Jh. (cliché Piotr Skubiszewski).

Tafel 1: Hochzeit Ludwigs VII. von Frankreich mit Eleonore von Aquitanien (Archiv für Kunst und Geschichte, Berlin)

Tafel 2: Hochzeitsgeschenk Eleonores an Ludwig VII. aus dem Schatz der aquitanischen Herzöge (Louvre, Paris, MR 340) mit der Inschrift: „Hoc vas Sponsa dedit Aanor Regi Lud[o]vico, Mitodolus avo, mihi Rex, sanctisque Sugerus" (Diese Vase schenkte Eleonore als Gattin dem König Ludwig, Mitodolus gab sie ihrem Großvater, der König gab sie mir, und ich, Suger, gab sie den Heiligen). Die 33,7 cm hohe und 15,5 cm breite Vase ist aus Bergkritall gefertigt und mit vergoldetem Silber und Edelsteinen geschmückt. Ursprünglich im Schatz von Saint-Denis kam sie 1793 in den Louvre (Musée du Louvre. Le trésor de Saint-Denis, Paris 1991).

Tafel 3: Heinrich II. von England und Eleonore: Stifterbild im Kreuzigungsfenster der Kathedrale von Poitiers (Cliché J.-P. Courbires/Ph. Durand, C. É. S. C. M., neg. CM 308). Das Glasfenster muss um 1161/1162 konzipiert worden sein, da außer dem Königspaar noch vier Kinder (Heinrich der Jüngere, Mathilde, Richard und Gottfried) aufgenommen wurden. Vgl. oben S. 57. Eleonore wird hier, wie ihr

Gatte, mit einer Königskrone dargestellt (J.-L. Lozinski, Henri II, Aliénor d'Aquitaine et la cathédrale de Poitiers, in: Cahiers de Civilisation Médiévale 37,1994, 91–100, Bild Nr. 2).

Tafel 4: Eleonore von Aquitanien und ihre Familie auf einem Wandbild der Kapelle Sainte-Radegonde in Chinon, 12. Jh. (cliché P. Skubiszewski). Von links nach rechts handelt es sich wahrscheinlich um Eleonores Söhne Gottfried und Richard (letzterer streckt die Hand mit dem Falken seiner Mutter entgegen), Eleonore selbst, ihre Tochter Johanna und ihren Gemahl Heinrich II. Die Deutung des 1964 freigelegten Bildes ist umstritten, die Identität der Figuren steht nicht einwandfrei fest. Siehe oben S. 117 und zu den kontroversen Interpretationen N. Kenaan-Kedar und U. Nilgen.

Tafel 5: Krönungsbild im Evangeliar Heinrichs des Löwen aus Helmarshausen (München, Bayerische Staatsbibliothek, clm 4456, fol. 171v^{0}). In der Mitte sind Heinrich der Löwe und Mathilde von England dargestellt, die durch die Hand Gottes gekrönt werden. Rechts und links von ihnen stehen ihre Vorfahren, die in dem Spruchband namentlich bezeichnet werden: links des Herzogs befinden sich dessen Großeltern: Kaiserin Richeza und Kaiser Lothar III., und Eltern: Herzogin Gertrud von Supplinburg und Herzog Heinrich der Stolze, rechts der Herzogin: ihr Vater, Heinrich II. von England, und zwei Frauengestalten, von denen die eine, die wie er Krone und Kreuz trägt, als *regina* Mathilde bezeichnet wird, obwohl sie sich selbst immer als *imperatrix,* als Kaiserin, bezeichnete, und eine grüngekleidete Frau, die wie das bayerische Herzogspaar ohne Krone dargestellt ist und zu der keine Inschrift vorhanden ist. Wahrscheinlich handelt es sich um Eleonore, für die ursprünglich die Bezeichnung „regina" gedacht war, die aber nur als Herzogin (von Aquitanien) dargestellt wird, da sie zur Entstehungszeit der Handschrift (nach 1180/vor 1188) eine Gefangene ihres Gatten war.

Tafel 6: Eleonore von England (Alienor Regina) und König Alfons VIII. von Kastilien (Alfonsus Rex) geben die Burg und Stadt

Uclés (Castellum de Ucles) an Magister Peter Ferrandi und den Ritterorden von Santiago (1174). Miniatur aus der 2. Hälfte des 13. Jahrhunderts des *Tumbo Menor de Castilla* [fol. 1] des Ritterordens von Santiago (Madrid, Archivo Histórico Nacional, sección Órdenes Militares).

Tafel 7: König Wilhelm II. von Sizilien und Johanna von England (Petrus de Ebulo, Liber ad honorem Augusti, Codex 120 II der Burgerbibilothek Bern [fol. 97r], hg. v. Theo Kölzer und Marlies Stähli, Sigmaringen 1994, S. 43), entstanden zwischen 1195/1197. Während in der zweiten Arkade der „Rex W. egrotus", der erkrankte König Wilhelm II. zu sehen ist, dem ein Diener Luft zufächelt und der von einem Arzt und einem Astrologen umgeben ist, zeigt die vierte Arkade die Königin, Johanna von England, mit ihren Hofdamen bei der Klage über den Tod des Königs 18. Nov. 1189) (planctus eiusdem regis defuncti).

Tafel 8: Grabplatte Eleonores in der Klosterkirche von Fontevrault (1. Viertel 13. Jahrhundert), abgebildet in: Heinrich der Löwe und seine Zeit (s. o.), Bd. II, 234, Nr. 127.

Oxford
London
Kgr. ENGLAND
Salisbury
Winchester
Canterbury
Gft.
FLANDERN
Gft.
Ponthieu
VERMANDOIS
Rouen
Hzt. NORMANDIE
Paris
Gft.
CHAMPAGNE
frz.
KRON-
DOMÄNE
Gft.
BLOIS
Hzt. BRETAGNE
Gft. MAINE
Le Mans
Orléans
Gft. ANJOU
Nantes
Tours
Chinon
Hzt.
BURGUND
Gft.
POITOU
Thouars
Châtellerault
Poitiers
La Rochelle
Hzt. AQUITANIEN
Gft.
AUVERGNE
Limoges
Angoulême
Saintes
Gft. FOREZ
ARELAT
Bordeaux
Hzt.
GASCOGNE
Gft.
TOULOUSE
Gft.
SAINT-
GILLES
Gft.
PROVENCE
Bayonne
Toulouse
Montpellier
Vzgft.
BÉZIERS
Narbonne
Kgr.
KASTILIEN
Kgr
NAVARRA
Gft.
BÉARN
Gft.
FOIX
Kgr.
ARAGÓN
Gft. BARCELONA
Hzt. Aquitanien
Kgr. Frankreich
Angevinisches Reich 1152/54